한국어 교재 시리즈

쉽게 말하는 한국어 3

충북대학교
국제교류원

발간사

교육은 누구에게 어떤 내용을 어떻게 전달하는가의 문제이고, 교재는 소통의 핵심 위치에 자리합니다. 교육환경이 시시각각 변화하는 지금, 교육의 질적 향상을 위해 교육 종사자는 항상 새로운 길을 진지하게 고민하지 않을 수 없으며, 교재 편찬 역시 그 고민의 중요한 일부입니다.

충북대학교 국제교류원 한국어교육부는 지난 10여 년간 외국인들에게 한국어 교육을 성실히 담당해 왔습니다. 십 년간의 노력을 통해 얻은 노하우는 실로 금쪽같이 귀한 것입니다. 우리는 이를 더욱 찬란한 보석으로 만들기 위해 총체적으로 정리, 분석하여 10년 후를 준비하는 교재를 만들기로 결정했습니다.

한국어교육부의 1일 6시간 교과 과정에 맞추어 전 과정을 4단계로 구분하였고, 1단계 2권의 출판에 이어 2단계 2권의 교재 편찬이 완료되어 출간을 앞두고 있습니다. 충북대학교 국제교류원 한국어교육부의 교육 목표를 충실하게 실천하기 위해, 한국어 교육의 새로운 길을 열기 위해, 학습자들의 최대 성취를 위해 교재 발간에 참여한 저자들은 최선을 다하고자 했습니다. 그 긴 기간, 만사를 제쳐두고 교재 편찬에 매진한 모든 국제교류원의 모든 한국어 선생님들께 이 지면을 빌어 충심에서 우러나는 존경과 감사를 드립니다.

모든 일의 마무리에는 서운하고 부족한 부분이 있기 마련입니다. 한국어 교재 작업 역시 완벽할 수 없기에 앞으로 수정과 보완이 지속적으로 이루어져야 합니다. 이를 위해 많은 전문가들의 날카로운 질정이 반드시 필요하다고 생각합니다. 이를 바탕으로 충북대학교 한국어 교육은 보다 높은 목표를 향해 계속 전진하는 단단한 기초를 마련할 수 있을 것으로 생각합니다.

2011년 12월

충북대학교 국제교류원 원장 **김 일 수**

일러두기

본 교재는 초급 과정을 마치고 한국에서 대학에 진학 하고자 하는 학생들을 위해 만들었다. 또한 한국어능력시험(TOPIK) 중급 수준의 문법을 중점적으로 다루면서 한국 생활뿐만 아니라 대학 생활에서도 필요한 표현과 어휘를 중심으로 구성하였다.

쉽게 말하는 한국어 3, 4는 중급 수준의 교재로 각각 5개 과로 구성하였으며 각 과는 5개의 항으로 구성하였다.

01항부터 04항까지는 문법-어휘-본문-말하기-듣기-읽기-쓰기로 구성하였다.

05항은 문화로 각 과의 주제에 맞게 외국인에게 유익한 문화 정보를 제공하였다.

문법은 형태-예문-연습 문제로 구성하고, 형태는 결합할 수 있는 동사, 형용사, 명사를 중심으로 시제, 받침의 제약 관계를 예를 들어 간단한 표로 제시하였다. 그리고 배운 문법을 익힐 수 있도록 연습 문제를 실었다.

어휘는 각 항의 내용을 학습하기 위해 필요한 어휘를 이해하기 쉬운 그림이나 사진으로 제시하였다.

본문은 한국에서 생활하면서 필요한 생활 한국어와 대학 생활에서 쉽게 접할 수 있는 내용을 중심으로 구성하였다. 본문에는 대화와 관련된 사진을 첨부하여 학습자들이 대화 상황을 이해하는 데 도움을 주도록 하였다.

말하기, 듣기, 읽기, 쓰기는 본문의 내용을 각 기능별로 확장하여 연습할 수 있도록 하였다.

그리고 각 페이지마다 어휘에서 다루지 않은 새 단어들을 제시하여 학습자들이 쉽게 단어를 익힐 수 있도록 하였다.

단원 구성

과	제목	소제목		내용		
				문법	어휘	대화(본문)
1	소개	01	한국어를 배운 지 얼마나 되셨어요?	· –(으)ㄴ 지 · –게 되다 · –아/어/여 보이다	감정 성격	자기 소개
		02	사진을 보니 정말 가 보고 싶네요.	· 처럼 · –게 · –네요	친척	가족, 고향 소개
		03	패션 산업에 대해서 공부하고 싶어요.	· 에 대해(서) · –(는/ㄴ)다고 하다 · –(으)라고 하다	전공	전공 소개
		04	고향에 같이 가자고 해서 인터넷으로 정보를 찾고 있어요.	· –자고 하다 · –(느/으)냐고 하다 · –(으)며	나라 소개	나라 소개
		05	한국인의 '우리'			
2	집안일	01	봄도 됐는데 우리 대청소 할래요?	· –(으)ㄹ래요 (제안) · –아/어/여요 (청유/명령) · –(으)니까요	청소 관련	청소 제안하기
		02	빨래가 이것밖에 없어요?	· 밖에 · –(으)려고요 · –아/어/여서요	세탁 세탁 기호	빨래하기
		03	그래야 환경오염도 줄일 수 있고요.	· –고요 · –기는 하지만 · –(으)ㄹ 텐데	분리수거	분리수거하기
		04	할인 쿠폰이 있어서 싸게 살 수 있어.	· (이)나 · 반말 1 (평서/의문) · 반말 2 (명령/청유/제안)	쇼핑 관련	친구에게 쇼핑 제안하기
		05	손 없는 날			

과	제목	소제목		내용		
				문법	어휘	대화(본문)
3	대학 생활	01	심리학 개론을 신청한다고 하더니 생각이 바뀌었네.	· -더니 · 에 관해서 · -(으)ㄹ지 -(으)ㄹ지	전공 관련	수강 신청하기
		02	저는 사물놀이 동아리에 가입할까 해요.	· -(으)ㄹ까 하다 · -(으)ㄹ 뿐만 아니라 · -(으)ㄹ 통해(서)	동아리 관련	동아리 가입하기
		03	행사 내용도 작년에 비해서 다양해졌어요.	· -(으)려면 · 중이다 · 에 비해(서)	대학 축제	축제에 대한 의견 말하기
		04	내일까지 내야 하거든요.	· -거든요 · -자마자 · -아/어/여 가지고	수업 관련	숙제 제출하기
		05	한국의 입시 문화			
4	실수와 후회	01	가스 불을 켜 놓은 채로 나왔거든요.	· -다 보니(까) · -아/어/여 놓다 · -(으)ㄴ 채로	실수 (1)	실수 상황 설명하기
		02	청주에 가는 버스인 줄 알았어요.	· -는/(으)ㄴ 줄 알았다/몰랐다 · -고 보니 · -(으)ㄹ까 봐(서)	실수 (2)	실수 이유 말하기
		03	설탕을 넣는다는 것이 소금을 또 넣었구나.	· 에다(가) · -는/ㄴ다는 것이 · -아/어/여야지요	실수 (3)	실수에 대해 조언하기
		04	선생님의 말씀을 들을걸 그랬어요.	· -(으)ㄹ수록 · -(으)ㄹ걸 그랬다 · -는/(으)ㄴ 법이다	실수 (4)	후회하기
		05	말 한마디에 천 냥 빚을 갚는다.			
5	건강과 생활	01	삼계탕이야말로 여름철 건강식 중에 최고예요.	· (이)야말로 · -고 나니(까) · -(으)ㄹ 정도	제철 음식	제철 음식(보양식)과 건강에 대해 말하기
		02	건강해진다면 그 정도 노력은 해야겠죠.	· -는/(으)ㄴ 만큼 · -(는/ㄴ)다면 · -기 위해(서)	다이어트 관련	운동(다이어트)과 건강에 대해 말하기
		03	아침을 안 먹다가는 건강이 나빠질 거예요.	· -다가는 · -잖아요 · -는/(으)ㄴ 반면에	패스트푸드 인스턴트식품	식사와 건강에 대해 말하기
		04	건강해진 걸 보니까 채식이 몸에 좋은가 봐요.	· -나 보다 / -(으)ㄴ가 보다 · -는/(으)ㄴ 걸 보니(까) · 얼마나 -는/(으)ㄴ지	식습관	식습관과 생활 습관에 대해 말하기
		05	건강에 좋은 물			

목차

1과 소개

01. 한국어를 배운 지 얼마나 되셨어요?

02. 사진을 보니 정말 가 보고 싶네요.

03. 패션 산업에 대해서 공부하고 싶어요.

04. 고향에 같이 가자고 해서 인터넷으로 정보를 찾고 있어요.

05. 한국인의 '우리'

01 한국어를 배운 지 얼마나 되셨어요?

문법 (1)_

▲ -(으)ㄴ 지

동사	받침 O	-은 지	먹은 지
	받침 X	-ㄴ 지	배운 지

유리창을 닦은 지 일주일 됐어요.

친구와 헤어진 지 6개월 되었어요.

▲ 연습

다음과 같이 바꿔 쓰십시오.

1. 한국에 3달 전에 왔어요.

   ➜ 한국에 온 지 3개월 됐어요.

2. 김 선생님을 지난달에 처음 만났어요.

   ➜ ____.

3. 한 시간 전에 학교에 왔어요.

   ➜ ____.

4. 아침 9시에 일어났는데 지금 낮 1시예요.

   ➜ ____.

5. 용돈을 받고 일주일이 지났어요.

   ➜ ____.

문법 (2)_

▲ -게 되다

동사	받침 O	-게 되다	읽게 되다
	받침 X		사게 되다

한국어를 공부하면서 외국 친구들을 알게 되었어요.

그 회사에서 일하게 되었어요.

▲ 연습

다음 그림을 보고 문장을 완성하십시오.

1. 

영희 씨는 충북대학교에 <u>가게 됐어요</u>.

2. 

한국에 와서 김치를 ________________________.

3. 

그 가수의 콘서트를 보고 ____________________.

4. 

한국말을 배우고 ________________________.

문법 (3)

▲ -아/어/여 보이다

형용사	ㅏ, ㅗ	-아 보이다	아파 보이다
	ㅓ, ㅜ, ㅡ, ㅣ,…	-어 보이다	넓어 보이다
	하다	-여 보이다	조용해 보이다

안색이 안 좋아 보이는데 무슨 일이 있어요?

오늘 정말 예뻐 보여요.

피곤해 보여요. 좀 쉬세요.

▲ 연습

다음 그림을 보고 문장을 완성하십시오.

1.  양복을 입으니까 달라 보여요.

2.  마키노 씨 얼굴을 보니까 ________________.

3.  와, 음식이 정말 ________________.

4.  선글라스를 끼니까 ________________.

어휘 (1)_

▲ 감정

화나다

신(이) 나다

우울하다

지루하다

긴장하다

부끄럽다

외롭다

답답하다

서운하다

▲ 연습

1. 가족과 떨어져서 지내니까 ________________ 때가 많아요.
2. 친구와의 약속을 잊어버려서 친구가 많이 ______________________.
3. 영화가 너무 ________________ 영화를 보는 동안 계속 잠만 잤어요.
4. 면접시험을 볼 때 ____________ 교수님의 질문에 대답을 잘 못했어요.
5. 선생님께서 제 이름만 기억하지 못하셔서 ______________________.

어휘 (2)

▲ 성격

활발하다 명랑하다 외향적이다 적극적이다 솔직하다 긍정적이다 상냥하다 꼼꼼하다	내성적이다 소극적이다 부정적이다 무뚝뚝하다 덜렁거리다

▲ 연습

1. 부정적인 사람보다는 ________________ 사람이 성공하는 일이 많아요.
2. 그 사람은 거짓말을 하지 않는 ________________ 성격의 사람이에요.
3. 민아 씨는 ________________ 처음 만나는 사람에게 먼저 말을 걸어요.
4. 철수 씨는 성격이 ________________ 실수를 잘 하지 않아요.
5. 저는 말이 없고 ________________ 다른 사람들이 화가 났다고 오해하는 일이 자주 있어요.

본문

아노트 : 즈엔 씨는 한국어를 배운 지 얼마나 되셨어요?

즈엔 : 5개월 정도 됐어요.

아노트 : 정말요? 그런데 한국어를 참 잘하세요.

즈엔 : 한국 친구들과 이야기를 많이 해서 그런 것 같아요.

아노트 : 즈엔 씨는 한국어도 잘 하고 성격도 좋아 보여요.
그런데 한국에는 어떻게 오게 되신 거예요?

즈엔 : 남자 친구가 한국 사람이라서 한국어를 배우러 오게 되었어요.
아노트 씨는요?

아노트 : 저도 한국어를 배우러 왔어요.

새 단어 개월 얼마나

말하기_

친구에게 다음을 묻고 대화를 만들어 보십시오

이름	얀	
국적 / 고향	베트남	
한국어를 배운 기간	1년	
한국에 온 이유	취직	
첫인상	활발하다	

보기

가 : 얀 씨는 어느 나라에서 오셨어요?
나 : 저는 베트남에서 왔어요.
가 : 한국에는 어떻게 오게 되셨어요?
나 : 한국 회사에서 일하게 돼서 왔어요.
가 : 한국어를 배운 지 얼마나 되셨어요?
나 : 배운 지 1년 정도 됐어요.
가 : 얀 씨는 활발해 보여서 친구도 많을 것 같아요.
나 : 고마워요.

가 : ______________________________

나 : ______________________________

가 : ______________________________

나 : ______________________________

가 : ______________________________

나 : ______________________________

가 : ______________________________

나 : ______________________________

새 단어 첫인상 취직

듣기

다음을 듣고 물음에 답하십시오.

1. 두 사람은 지금 무엇을 하고 있습니까?

① 면접　② 상담　③ 발표　④ 토론

2. 지금 이 학생은 대학에서 무엇을 전공하려고 합니까?

____

3. 듣은 내용과 **다른 것**을 고르십시오.

① 학생은 한국의 경제 발전에 관심이 있다.

② 학생은 한국어로 진행되는 수업을 들어야 한다.

③ 학생은 중국에서 한국어를 공부한 경험이 있다.

④ 학생은 한국에 와서 생활에 적응할 수 없었다.

새 단어 경제　동기　발전　발표　새롭다　적응하다　전공하다　지원하다　토론　학과　환경

읽기

다음을 읽고 물음에 답하십시오.

제 이름은 메이린입니다. 저는 중국 상하이에서 6개월 전에 왔습니다. 한 1년 전쯤에 텔레비전에서 한국 노래를 들었는데 그 노래가 아주 좋았습니다. 그래서 다른 한국 노래에도 관심을 갖게 되었고 한국 가수도 좋아하게 되었습니다. 한국 노래의 가사가 무슨 뜻인지 알고 싶었고 팬레터도 보내고 싶었습니다. (㉠) 그렇게 한국어를 공부하니까 한국에도 관심이 생겨서 한국에 오게 되었습니다.

저는 조금 내성적이고 소극적인 성격입니다. 처음 본 사람들과 잘 어울리지 못하는 편입니다. (㉡) 그래서 동호회에 가입해서 활동적이고 사교적인 성격으로 바꾸려고 노력하고 있습니다. 하지만 해야 할 일은 끝까지 책임지는 성실한 사람입니다. 공부를 하거나 일을 할 때는 적극적인 자세로 목표한 것을 이루려고 노력합니다. (㉢)

1. 메이린 씨는 왜 한국어를 배우게 되었습니까?

____

2. ㉠~㉢ 중에서 다음 문장이 들어갈 곳을 고르십시오

그래서 열심히 한국의 뉴스와 신문을 보면서 한국어를 공부했습니다.

3. 글의 내용과 같으면 O, 다르면 X 표를 하십시오.

1) 메이린 씨는 사교적인 사람입니다. ( )

2) 메이린 씨는 한국에서 산 지 6개월이 되었습니다. ( )

3) 메이린 씨는 한국에 와서 한국 노래를 처음 들었습니다. ( )

새 단어

가사 가입하다 갖다 동호회 목표하다 사교적 성실하다
어울리다 이루다 자세 책임지다 팬레터 활동적

쓰기

한국어 선생님에게 제출할 자기 소개서를 써 보십시오.

1. 생각나는 것을 써 보십시오.

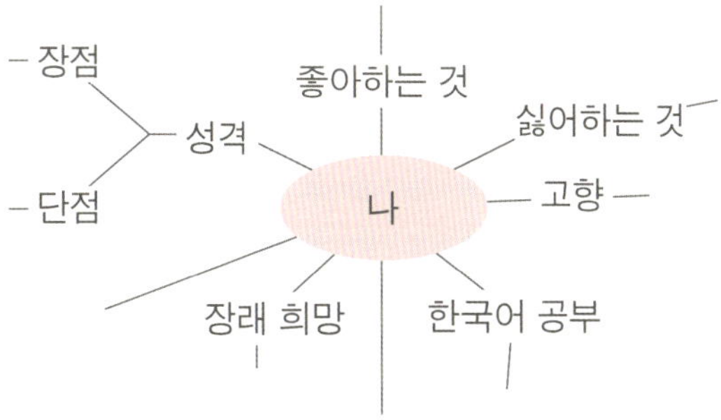

2. 위 내용으로 단락을 짜 보십시오.

단락		중심 내용	세부 내용
처음		이름, 고향	· ·
중간	1단락	좋아하는 것, 싫어하는 것	· · ·
	2단락	성격의 장단점	· · ·
	3단락	장래 희망	· · ·
끝		선생님께 하고 싶은 말	· ·

3. 위 내용으로 자기 소개서를 써 보십시오.

새 단어 내용 단락 생각나다 세부 소개서 장래 짜다

02 사진을 보니 정말 가 보고 싶네요.

문법 (1)_

▲ 처럼

명사	받침 O	처럼	선생님처럼
	받침 X		어머니처럼

저 사람은 우리 형처럼 생겼어요.

내 친구는 영화배우처럼 멋있어요.

▲ 연습

다음 문장을 완성하십시오.

1. 내 친구는 <u>농구 선수처럼</u> 농구를 잘해요.
2. 우리 할아버지는 ____________________ 무서워요.
3. 내 동생은 얼굴이 ____________________ 예뻐요.
4. ________________ 짜증나는 것도 없어요.
5. 제임스 씨는 한국 사람처럼 ______________________________.

문법 (2)_

▲ -게

형용사	받침 O	-게	춥게
	받침 X		예쁘게

오랜만에 만난 친구와 반갑게 인사를 했다.

그 이야기를 듣고 크게 웃었습니다.

▲ 연습

그림을 보고 대화를 완성하십시오.

1. 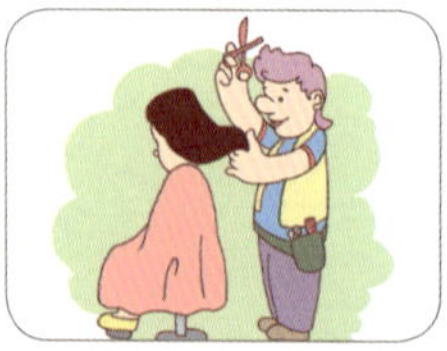

가 : 어떻게 해 드릴까요?

나 : <u>짧게</u> 잘라 주세요.

2. 

가 : 음식이 맵지 않았어요?

나 : 아니요. ____________ 먹었어요.

3. 

가 : 이제 충북대학교에 어떻게 가는지 알겠어요?

나 : 네. ______ 설명해 주셔서 혼자 찾아 갈 수 있어요.

4. 

가 : 책이 재미있었어요?

나 : 네. ____________________.

5. 

가 : 제 가방하고 똑같군요. 저는 10만 원에 샀어요.

나 : 저는 세일해서 ____________________.

문법 (3)_

▲ -네요

동사 / 형용사	받침 O	-네요	듣네요
	받침 X		예쁘네요

경치가 참 아름답네요.

그림을 잘 그리네요.

▲ 연습

다음 그림을 보고 대화를 완성하십시오.

1. 

가 : 아이가 수박을 잘 먹네요.

나 : 우리 아이가 수박을 좋아해요.

2. 

가 : 지금 보는 이 영화 어때요?

나 : 정말 ______________________.

3. 

가 : 많이 아파요?

나 : 네. 좀 ______________________.

4. 

가 : 마리아 씨가 ______________________.

나 : 네. 아파서 못 왔어요.

어휘 (1)

▲ 친척

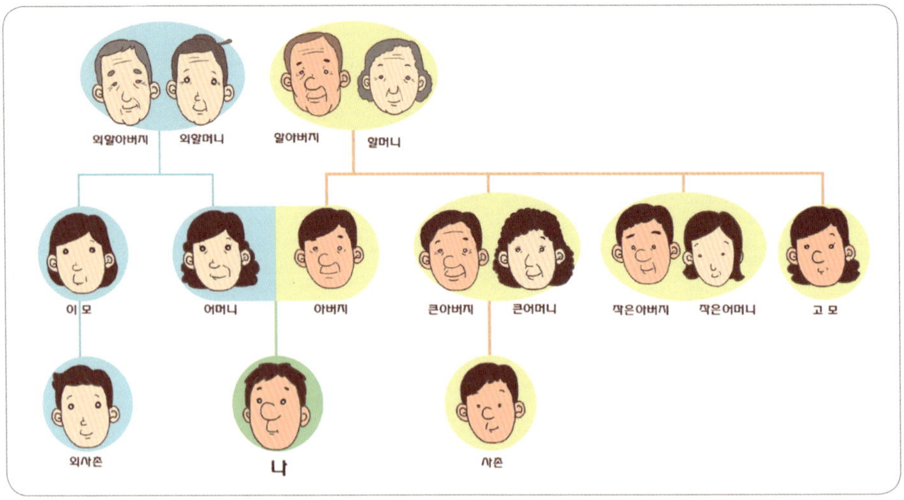

▲ 연습

다음을 연결하십시오.

우리 아버지의 여동생	•		• 외할머니
어머니를 낳아 주신 분	•		• 고모
큰아버지의 아들	•		• 외숙모
외삼촌과 결혼하신 분	•		• 사촌

어휘와 표현 (2)

대가족 핵가족
맏아들 장녀 차남 막내 외아들 외동딸
중매 연애
맞선을 보다 결혼하다 분가하다

본문

즈옌 : 진신 씨, 뭘 그렇게 재미있게 보고 있어요?
진신 : 고향에서 고모가 보내 주신 사진이에요.
즈옌 : 저도 보여 주세요. 여기 아기를 안고 계신 분은 누구세요?
진신 : 고모예요. 어렸을 때부터 어머니처럼 저를 돌봐 주셨어요.
즈옌 : 그럼, 옆에 있는 아이들은 사촌이겠네요.
진신 : 맞아요. 귀엽게 생겼지요?
즈옌 : 그런데 이 사진은 어디에서 찍은 거예요?
진신 : 제 고향 베이징에 있는 천안문 광장에서 찍은 거예요.
즈옌 : 건물이 크고 멋있네요.
진신 : 즈옌 씨도 우리 고향에 한번 놀러 오세요. 볼거리가 아주 많아요.
즈옌 : 사진을 보니 정말 가 보고 싶네요.

새 단어 광장 돌보다 볼거리 생기다 아기 안다 찍다

말하기_

다음 표를 채우고 대화해 봅시다.

가족 관계	사촌 동생	
이름	에이미	
성격	활발하고 사교적	
취미	노래 부르기	
기타		

보기

가 : 이 사진에 있는 사람은 제 사촌 동생이에요.
나 : 아주 예쁘게 생겼네요. 이름이 뭐예요?
가 : 에이미예요.
나 : 성격은 어때요?
가 : 성격은 활발하고 사교적이에요.
나 : 그럼 친구가 많겠네요.
가 : 맞아요. 그리고 노래를 가수처럼 잘 해요.
나 : 한번 들어 보고 싶네요.

가 : 이 사진에 있는 사람은 ______________________________

나 : ______________________________

가 : ______________________________

나 : ______________________________

가 : ______________________________

나 : ______________________________

가 : ______________________________

나 : ______________________________

듣기

다음을 듣고 물음에 답하십시오.

1. 들은 내용과 같으면 O, 다르면 X 표를 하십시오.
   1) 아이코 씨 형제는 세 자매다. (　　　)
   2) 아이코 씨는 장녀다. (　　　)
   3) 아이코 씨는 도서관에 공부하러 왔다. (　　　)
   4) 아이코의 동생은 영화배우이다. (　　　)

2. 아이코는 동생과 함께 어디에 가려고 합니까? 모두 고르십시오.
   ① 학교　② 극장　③ 무심천　④ 상당산성

새 단어 영화배우　자동판매기　자매　피다

읽기

다음을 읽고 물음에 답하십시오.

제 고향은 청주입니다. 청주는 세계에서 가장 오래된 금속활자인 '직지'의 고향으로 유명합니다.

청주는 충청북도에 있는 가장 큰 도시입니다. 바다가 없고 일교차가 크며 여름에는 덥고 비가 많이 옵니다. 그리고 겨울에는 춥고 건조합니다.

청주의 볼거리로는 상당산성, 청주고인쇄박물관, 우암산, 육거리시장 등이 있습니다. 시내를 동서로 나누는 무심천은 시민들의 산책로로 유명하고 청주 입구에 있는 가로수 길은 아름다워서 드라마 촬영지로 유명합니다. 그리고 청주에서는 2년에 한 번씩 국제공예비엔날레가 열립니다.

청주의 특별한 먹을거리로는 해장국이 있습니다. 술을 마신 다음날 해장국을 먹으면 속이 편해집니다. 청주에 오시면 꼭 한번 드셔 보십시오.

1. 위 글의 내용과 맞으면 O, 틀리면 X 표를 하십시오.
   1) 청주국제공예비엔날레는 2년마다 열린다. (　　)
   2) 이 글은 청주를 여행하고 쓴 글이다. (　　)
   3) 청주 시민들은 무심천에서 산책을 많이 합니다. (　　)

2. 위 글의 내용과 **다른 것**을 고르십시오.
   ① 청주에서 직지를 만들었다.
   ② 청주는 해장국이 유명하다.
   ③ 청주는 여름보다 겨울에 비가 많이 온다.
   ④ 청주의 가로수 길에서 드라마를 많이 찍는다.

새 단어 가로수 건조하다 국제공예비엔날레 금속활자 동서 먹을거리 산책로 세계 열리다 오래되다 인쇄 일교차 촬영지

쓰기

다음 표를 완성하고 고향을 소개하는 글을 써 보십시오.

고향 이름	
위치	
날씨	
볼거리	
먹을거리	
유명한 물건(특산품)	

제 고향은 ______________________________

____

____

____

____

____

____

____

____

____

____

____

새 단어: 특산품

03 패션 산업에 대해서 공부하고 싶어요.

문법 (1)_

▲ 에 대해(서)

명사	받침 O	에 대해(서)	유학 생활에 대해(서)
	받침 X		드라마에 대해(서)

한국과 중국의 결혼식에 대해 비교해 보십시오.
내일은 경제에 대해서 이야기해 봅시다.

▲ 연습

다음 대화를 완성하십시오.

1. 가 : 어제 본 영화에 대해 이야기해 주세요.
   나 : 그 영화는 슬픈 사랑이야기예요.

2. 가 : 충북대학교의 ______________________ 알고 싶어요.
   나 : 그럼, 홈페이지의 학과 소개를 찾아보세요.

3. 가 : 언제부터 한국 ______________________?
   나 : 한국 드라마 '대장금'을 보고 관심이 생겼어요.

4. 가 : 야구나 농구 같은 스포츠를 좋아해요?
   나 : 아니요. 저는 ________________ 아는 것이 전혀 없어요.

5. 가 : 승철 씨______________________?
   나 : 제 생각에는 좋은 사람 같아요.

문법 (2)

▲ -(는/ㄴ)다고 하다

동사	받침 O	-는다고 하다	먹는다고 하다
	받침 X	-ㄴ다고 하다	간다고 하다
형용사	받침 O	-다고 하다	많다고 하다
	받침 X		예쁘다고 하다

영희는 운동을 안 한다고 해요.

오늘은 아주 덥다고 했어요.

▲ 연습

그림을 보고 대화를 완성하십시오.

1\. 

가 : 윌슨 씨가 오늘 학교에 안 왔는데 왜 안 왔는지 알아요?

나 : 오늘 부모님께서 오셔서 <u>공항에 간다고 했어요</u>.

2\. 

가 : 다이어트에 어떤 음식이 좋아요?

나 : 선생님께 들었는데 ______________________.

3\. 

가 : 시험을 언제 봐요?

나 : ______________________.

4\. 

가 : 내일은 날씨가 어떨까요?

나 : 일기예보를 들었는데 내일도 ______________________.

5\. 

가 : 철수 씨, 에릭 씨는 어디에 삽니까?

나 : ______________________.

문법 (3)_

▲ -(으)라고 하다

동사	받침 O	-으라고 하다	웃으라고 하다
	받침 X	-라고 하다	기다리라고 하다

의사가 이 약을 식후 30분에 먹으라고 했어요.
선생님께서 내일까지 숙제를 하라고 했어요.

▲ 연습

다음을 간접화법으로 바꾸십시오.

1. 간호사 : "주사 맞으세요." (간호사 → 환자)

➔ 간호사가 환자에게 주사를 맞으라고 했다.

2. 선생님 : "설명을 잘 들으세요." (선생님 → 학생)

➔ ______________________________.

3. 영미 : "지금 도서관에 있으니까 빨리 오세요." (영미 → 지혜)

➔ ______________________________.

4. 손님 : "시간이 없으니까 밥 좀 빨리 주세요." (손님 → 식당 주인)

➔ ______________________________.

5. 경찰 : "운전할 때는 휴대전화를 사용하지 마십시오." (경찰 → 운전기사)

➔ ______________________________.

어휘

▲ 전공

국어국문학(과)

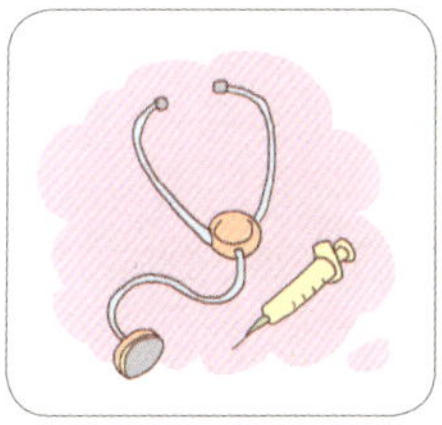
의학(과)

건축학(과)

천문학(과)

영어영문학(과)

수학(과)

국제경영학(과)

체육학(과)

음악학(과)

식품영양학(과)

패션디자인학(과)

컴퓨터공학(과)

▲ 연습

1. 우주와 하늘의 별자리를 연구하려면 ____________에 진학하세요.
2. ____________에 들어가서 한국의 언어와 문학에 대해서 공부해 보세요.
3. 저는 사람들이 입으면 예쁘고 편한 옷을 만들고 싶어서____________에 지원하게 되었습니다.
4. 저는 어릴 때부터 피아노 치는 것을 좋아해서 ______________에 가서 공부하고 싶어요.
5. 제 친구는 ____________을/를 공부한 후 돈이 없어서 치료를 못 받는 사람들을 도와 주고 싶다고 해요.

본문

장뢰이 : 진신 씨, 이번에 충북대학교에 지원했어요?

진신 : 네. 국제경영학과에 지원했어요.
장뢰이 씨도 이번에 입학 원서를 냈다고 들었어요.

장뢰이 : 네. 패션디자인학과에 지원했어요.
제가 인터넷 쇼핑몰에 관심이 많은 편이고 부모님께서도
패션 산업에 대해서 공부해 보라고 하셨어요.

진신 : 그래서 그런지 장뢰이 씨는 항상 옷차림이 멋있는 것 같아요.
지난번에 제 친구가 장뢰이 씨를 보고 예쁘다고 했어요.

장뢰이 : 그래요? 고마워요.

진신 : 이번에 장뢰이 씨가 꼭 합격했으면 좋겠어요.

장뢰이 : 고마워요. 진신 씨도 좋은 결과가 있으면 좋겠네요.

새 단어 산업 옷차림 원서 지난번

말하기

다음 표를 채우고 말해 봅시다.

이름	지원하고 싶은 학과	이유	졸업 후 진로
소영	역사학	초등학교 때부터 역사에 관심이 많았다.	박물관 직원

보기

소영 씨는 역사학을 전공하고 싶다고 했어요.
초등학교 때부터 역사에 관심이 많았다고 했어요.
대학에서 역사를 공부한 후에 박물관에서 일하고 싶다고 했어요.

새 단어 역사 진로

듣기

다음을 듣고 물음에 답하십시오.

1. 글의 제목으로 알맞은 것을 고르십시오.

① 수의사와의 상담 ② 수의사가 하는 일

③ 수의사의 생활 ④ 수의사가 되는 방법

2. 들은 내용과 맞으면 O, 틀리면 X 표를 하십시오.

1) 수의학과는 다른 전공처럼 4년 동안 공부한다. ( )

2) 수의학은 동물의 질병을 연구하는 학문이다. ( )

3) 이 학생은 수의학과에 다니고 있는 학생이다. ( )

4) 동물을 사랑하는 사람이 수의학을 공부하면 좋다. ( )

새 단어 개발 다양하다 동물 사랑하다 수의사 수의학 애정 연구 의약품 자세히 질병 학문

읽기

다음을 읽고 물음에 답하십시오.

저희 아버지께서는 무역회사를 경영하고 계십니다. 그래서 세계 여러 나라를 다니며 일을 하십니다. 저는 어릴 때부터 그런 아버지의 모습을 보고 해외에서 일하는 것을 꿈꿔 왔습니다. 또한 아버지의 사업을 좀 더 확장시켜 세계적인 기업으로 만들고 싶었습니다. 그래서 국제경영학을 공부하려고 합니다.

고등학교 1학년 때, 한국으로 유학 간 오빠에게서 충북대학교 국제경영학과에 대해서 들었습니다. 충북대학교 국제경영학과에는 훌륭한 교수님과 실력 있는 선배들이 많다고 했습니다. 오빠의 이야기를 듣고 저도 충북대학교 국제경영학과에 진학하고 싶다는 생각을 했습니다.

저는 중국에서 6개월 동안 한국어를 배우고 한국에 와서 충북대학교 국제교류원의 한국어 연수과정을 모두 수료했습니다. 그리고 한국어 능력시험에서 4급을 통과했습니다.

만약 국제경영학과에 입학한다면 1, 2학년 때는 한국 친구를 많이 사귀고 학과 활동도 열심히 할 생각입니다. 또한 외국어 공부도 열심히 할 생각입니다. 국제경영과 관련된 공부를 하려면 무엇보다도 다양한 나라의 말을 할 수 있어야 하기 때문입니다. 3, 4학년 때에는 경영, 경제에 대한 책과 신문, 잡지, 뉴스를 보면서 각국의 경제 상황을 이해하고 전문적인 지식을 얻도록 할 것입니다.

저에게 국제경영학과에서 공부할 기회를 주신다면, 최선을 다해 성실히 공부하겠습니다. 감사합니다.

1. 지원 동기는 무엇입니까?

____

2. 입학 후 계획은 무엇입니까?

____

3. 졸업 후 계획은 무엇입니까?

____

새 단어

경영하다 과정 관련되다 급 기억 기회 꿈꾸다
다하다 대학원 무역 사귀다 사업 성실히 수료하다 얻다
연수 유학 저희 전문적 지식 진학 최선

쓰기

다음 학업 계획서를 완성하십시오.

지원 동기	
입학 후 대학 생활 계획 (전공 공부, 교내와 교외의 생활 계획, 적성과 능력 계발 계획 포함)	
졸업 후 희망 진로 (전공을 어떻게 살릴 것인가?)	

새 단어 계발 교내 교외 능력 살리다 적성

04 고향에 같이 가자고 해서 인터넷으로 정보를 찾고 있어요.

문법 (1)_

▲ -자고 하다

동사	받침 O	-자고 하다	먹자고 하다
	받침 X		가자고 하다

동생이 뒷자리에 앉자고 했어요.

친구가 도서관에 가서 공부하자고 해요.

▲ 연습

다음 대화를 완성하십시오.

1.

민영 : 민석 씨가 다음 주말에 쇼핑가자고 했어요.

미선 : 그래요? 저도 같이 가도 될까요?

2.

민영 : 마리아 씨가 같이 ______________________.

수지 : 떡볶이를 만들 줄 알아요?

3.

수지 : 미선 씨한테 아까 무슨 말을 했어요?

민석 : 방학 하면 ______________________.

4.

민석 : 내일 마리아 씨를 어디에서 만나요?

민영 : 내일 ______________________.

5.

민석 : 토요일에 같이 영화 보러 갑시다.

수지 : 미안해요. 민영 씨가 ______________
해서 못 가요.

문법 (2)_

▲ -(느/으)냐고 하다

동사	받침 O	-(느)냐고 하다	먹(느)냐고 하다
	받침 X		오(느)냐고 하다
형용사	받침 O	-(으)냐고 하다	작(으)냐고 하다
	받침 X	-냐고 하다	예쁘냐고 하다

무슨 책을 읽(느)냐고 했어요.

우리 가족 중에서 누가 제일 크냐고 했어요.

▲ 연습

다음 대화를 간접화법으로 바꾸십시오.

1. "요즘 바빠요?"

➔ <u>요즘 바쁘냐고 했어요</u>.

2. "저 사람이 남자 친구예요?"

➔ ______________________________.

3. "어제 무슨 영화를 봤어요?"

➔ ______________________________.

4. "지금 무슨 음악을 들어요?"

➔ ______________________________.

5. "학교에서 집이 멀어요?"

➔ ______________________________.

문법 (3)_

▲ -(으)며

동사 / 형용사	받침 O	-으며	먹으며
	받침 X	-며	깨끗하며

이 책은 재미있으며 쉽다.

모임에서 사람도 만나며 음식도 먹었다.

▲ 연습

다음 대화를 완성하십시오.

1. 가 : 제주도가 어땠어요?

   나 : 경치도 아름다우며 음식도 맛있었어요.

2. 가 : 그 사람은 어떤 사람이에요?

   나 : ______________________________.

3. 가 : 작년 체육대회 때는 무엇을 했어요?

   나 : ______________________________.

4. 가 : 주말에는 주로 무엇을 해요?

   나 : ______________________________.

5. 가 : 그 사람은 무엇을 잘해요?

   나 : ______________________________.

어휘

▲ 나라 소개

국명 : 대한민국
인구 : 약 48,377,000명
언어 : 한국어
수도 : 서울
화폐단위 : 원
국기 : 태극기

▲ 연습

다음을 연결하십시오.

인구 •	• 나라를 대표하는 노래
공용어 •	• 나라에서 공통적으로 사용하는 언어
수도 •	• 나라에 사는 사람 수
국가 •	• 나라를 상징하는 꽃
국기 •	• 나라의 문화, 경제의 중심 도시
국화 •	• 나라를 상징하는 깃발

본문

조옌 : 바이멍 씨, 지금 뭐 하고 있어요?

바이멍 : 방학에 아노트 씨가 자기 고향에 같이 가자고 해서 인터넷으로 정보를 찾고 있어요.

조옌 : 아노트 씨 고향이 어디인데요?

바이멍 : 네팔이에요.

조옌 : 네팔은 어디에 있어요?

바이멍 : 인도와 중국 사이에 있는 나라예요.
수도는 카트만두이며 에베레스트 산으로 유명해요.

조옌 : 그럼, 바이멍 씨도 에베레스트 산에 올라갈 거예요?

바이멍 : 네. 그래서 아노트 씨에게 무엇을 준비해야 하냐고 하니까
따뜻한 등산복을 준비하라고 했어요.

새 단어 | 등산복

말하기_

빈 칸을 채우고 친구와 같이 대화해 봅시다.

이름	치엔	
나라	중국	
정보	· 만리장성, 천안문, 이화원 · 다양한 종류의 음식	
준비물	선글라스	

보기

미나 : 치엔 씨가 방학에 중국에 같이 가자고 했어요.
제인 : 중국 어디요?
미나 : 베이징요. 베이징에는 만리장성, 천안문, 이화원 등 볼거리가 아주 많다고 해요. 그리고 다양한 재료로 만든 많은 종류의 음식을 먹을 수 있다고 했어요.
제인 : 그런데 중국에 갈 때 무엇을 준비해야 해요?
미나 : 저도 잘 몰라서 치엔 씨에게 뭘 준비해야 하냐고 물어 봤어요. 치엔 씨가 여름에는 햇빛이 강하니까 선글라스를 준비하라고 했어요.
제인 : 알겠어요. 빨리 여행을 가면 좋겠네요.

가 : ____________________
나 : ____________________
가 : ____________________
나 : ____________________
가 : ____________________
나 : ____________________
가 : ____________________
나 : ____________________

새 단어 　 준비물

듣기

다음을 듣고 물음에 답하십시오.

1. 다음 중 이야기 하지 **않은 것**은 무엇입니까?

① 터키의 위치　　② 터키의 크기

③ 터키의 기후　　④ 터키의 언어

2. 들은 내용과 맞으면 O, 틀리면 X 표를 하십시오.

1) 터키는 섬나라이다. (　　)

2) 터키는 한국보다 작은 나라이다. (　　)

3) 터키에 가면 동양의 아름다움을 볼 수 있다. (　　)

4) 닐라이 씨는 친구들에게 터키에 가자고 했다. (　　)

새 단어

건축물　기후　내륙　동양　삼면　서양　섬나라　아시아
지방　지중해　크기　특징　풍경　해안

읽기

다음을 읽고 물음에 답하십시오.

저는 일본에서 온 사유리입니다. 일본은 아시아의 가장 동쪽에 있는 나라입니다. 수도는 도쿄이며 일본어를 사용합니다. 우리나라는 길게 뻗은 네 개의 큰 섬과 작은 여러 개의 섬으로 이루어졌습니다. 4개의 주요 섬은 홋카이도, 혼슈, 규슈, 시코쿠이며, 전체 인구는 1억 명쯤 됩니다.

우리나라는 위도 차가 커서 지역마다 기후가 다릅니다. 비가 많이 오는 편이라서 습도가 높습니다. 섬나라여서 해산물이 풍부하며 회 같은 음식이 유명합니다.

저는 홋카이도에 있는 삿포로에 사는데 삿포로는 매년 2월 초에 개최되는 눈 축제로 유명합니다.

1. 이 글에서 이야기 하지 **않은 것**은 무엇입니까?

① 일본의 위치　② 일본의 기후
③ 일본의 화폐　④ 일본의 인구

2. 글의 내용과 **다른 것**을 고르십시오.

① 일본의 기후는 지역마다 다르다.
② 일본은 4개의 섬으로 이루어져 있다.
③ 해마다 삿포로에서 눈 축제가 열린다.
④ 아시아의 동쪽 끝에 있는 나라는 일본이다.

새 단어: 개최되다　끝　동쪽　매년　뻗다　섬나라　습도　위도　주요　지역　초　풍부하다

쓰기

다음 표를 완성하고 여러분 나라를 소개하는 글을 쓰십시오.

나라 이름	
위치	
언어	
인구	
기후	
음식	
기타	

05 한국인의 '우리'

한국 사람들은 자기 가족을 소개할 때 '우리 아버지', '우리 어머니', '우리 가족' 등의 표현을 써서 소개합니다. 이런 표현을 처음 듣는 외국 사람들은 이상하게 생각합니다. '우리'는 말하는 사람과 듣는 사람을 모두 포함하는 말이기 때문입니다. 그렇다면 왜 한국 사람은 '내 아버지', '내 어머니'라고 소개하지 않는 것일까요? 그것은 한국 문화와 관련이 있습니다. 전통적으로 농경 사회였던 한국은 가까운 친척과 가족들이 한 마을에 모여 사는 일이 많았습니다. 그래서 자연스럽게 공동체 의식을 가지게 되었고 '우리'라는 말을 자주 사용하게 되었습니다.

앞으로 한국 친구가 "우리 어머니야."라고 말하면 놀라지 마십시오.

새 단어: 공동체 놀라다 농경 때문 마을 말다 왜 의식 한

| 쉽게 말하는 한국어 3 |

2과 집안일

01. 봄도 됐는데 우리 대청소할래요?

02. 빨래가 이것밖에 없어요?

03. 그래야 환경오염도 줄일 수 있고요.

04. 할인 쿠폰이 있어서 싸게 살 수 있어.

05. 손 없는 날

01 봄도 됐는데 우리 대청소할래요?

문법 (1)_

▲ -(으)ㄹ래요

동사	받침 O	-을래요	먹을래요?
	받침 X	-ㄹ래요	갈래요?

식사 준비를 할 테니까 식탁을 닦을래요?

늦었으니까 택시를 탈래요?

▲ 연습

다음 그림을 보고 문장을 만드십시오.

1. 
   많이 힘들어 보이는데 잠깐 <u>쉴래요</u>?

2. 
   연주회 표가 있는데 같이 ______________________?

3. 
   이 노래가 아주 좋은데 한번 ____________________?

4. 
   새로 나온 책인데 ____________________________?

5. 
   ____?

문법 (2)_

▲ -아/어/여요

동사	ㅏ, ㅗ	-아요	앉아요
	ㅓ, ㅜ, ㅡ, ㅣ,···	-어요	웃어요
	하다	-여요	숙제해요

우리 주말에 같이 영화를 봐요.

머리가 아픈데 잠깐만 쉬어요.

다음 주가 시험이니까 열심히 공부해요.

▲ 연습

다음 대화를 완성하십시오.

1. 가 : 버스를 타고 갈까요, 지하철을 타고 갈까요?
   나 : 지하철은 갈아타야 하니까 버스를 타고 가요.

2. 가 : 내일 7시까지 오면 되죠?
   나 : 7시까지 오면 늦으니까 더 일찍 ______________________.

3. 가 : 아이가 자고 있으니까 텔레비전 좀 ______________________.
   나 : 네. 알겠어요.

4. 가 : 여보, 오늘 저녁은 밖에 나가서 ______________________.
   나 : 왜요? 먹고 싶은 게 있어요?

5. 가 : 아, 정말 심심해요.
   나 : 그럼 ______________________.

문법 (3)_

▲ -(으)니까요

동사 / 형용사	받침 O	-으니까요	먹으니까요
	받침 X	-니까요	예쁘니까요

빨리 오세요. 시간이 없으니까요.

이따가 전화하세요. 지금은 일하니까요.

▲ 연습

다음 그림을 보고 문장을 만드십시오.

1. 

가 : 어떤 것을 살까요?

나 : 사과를 사요. 더 싸니까요.

2. 

가 : 우산을 가지고 가요. ____________________.

나 : 네. 알겠어요.

3. 

가 : 성적이 많이 올랐네요.

나 : 열심히 ____________________.

4. 

가 : 선생님께 지금 전화 드려도 될까요?

나 : 내일 하는 게 좋겠어요. ____________________.

5. 

가 : 이 책을 살까요?

나 : 저는 다른 책을 살래요.
이 책은 이미 ____________________.

어휘와 표현

▲ 청소 관련

걸레

빗자루

쓰레받기

닦다

쓸다

정리하다

청소기를 돌리다

먼지를 떨다

환기를 하다

▲ 연습

다음 밑줄 친 곳에 들어갈 알맞은 말을 쓰십시오.

1. 책상이 더러워져서 걸레로 ______________________________.

2. 먼지를 ____________________ 때는 마스크를 쓰는 것이 좋아요.

3. 청소기가 고장 나서 빗자루로 방을 ________________________.

4. 방안이 지저분하니까 방 좀 ______________________________.

5. 너무 늦은 시간에 청소기를 ________________ 안 됩니다.

본문

장뢰이 : 봄도 됐는데 우리 대청소할래요?

즈옌 : 좋아요. 뭐부터 할까요?

장뢰이 : 제가 청소기를 돌릴 테니까 즈옌 씨는 걸레로 가구와 바닥을 닦아 주세요.
그 전에 창문을 열어서 환기 좀 해요.

즈옌 : 알겠어요. 그럼 장뢰이 씨는 저 커튼 좀 떼어 주세요. 빨아야 하니까요.

장뢰이 : 책상 위도 너무 지저분하네요. 정리 좀 해야겠어요.

즈옌 : 그럼, 책상 정리는 같이 해요.

장뢰이 : 정말 이것저것 할 게 많네요. 한참 걸리겠는데요.

즈옌 : 다 끝나면 우리 맛있는 거 먹으러 가요.

새 단어 가구 대청소 떼다 바닥 빨다 이것저것 정리 커튼 한참

말하기_

친구와 함께 청소를 하려고 합니다. 누가 무엇을 하면 좋겠습니까?
다음 표를 완성하고 대화해 봅시다.

이름	청소	할 수 있다 / 없다	이유
준코	유리창	할 수 있다.	키가 크다.
왕몽	책상 정리	할 수 없다.	덜렁거린다.
제인	책상 정리	할 수 있다.	꼼꼼하다.

보기

제인 : 우리 교실 청소할래요?
준코 : 네. 좋아요. 누가 무엇을 할까요?
제인 : 준코 씨가 유리창을 닦아요. 키가 크니까요.
준코 : 알겠어요. 그럼 책상 정리는 왕몽 씨가 할래요?
왕몽 : 저보다는 제인 씨가 나을 거 같아요. 저는 덜렁거리고 제인 씨는 꼼꼼하니까요.
제인 : 알겠어요. 제가 할게요.

가 : 우리 ________ 청소할래요?

나 : 네. 좋아요. 누가 무엇을 할까요?

가 : ______________________________

____

나 : ______________________________

____

다 : ______________________________

가 : ______________________________

듣기

다음을 듣고 물음에 답하십시오.

1. 들은 내용과 같으면 O, 다르면 X 표를 하십시오.

1) 남자는 여자와 박물관에 가고 싶어 한다. ( )

2) 남자는 여자가 이사한 것을 알고 있었다. ( )

3) 여자는 주말에 어머니와 청소를 할 것이다. ( )

4) 여자는 다음 주에 남자와 만나기로 했다. ( )

2. 여자는 왜 이번 주말에 박물관에 못 갑니까?

____

새 단어 　 며칠 　 어쩌다

읽기

다음을 읽고 물음에 답하십시오.

> 핵가족과 맞벌이 부부가 늘어나면서 집안일은 여성이 해야 한다는 전통적인 생각이 많이 바뀌었다. 특히 요즘 젊은 부부들은 대부분 결혼을 하면 당연히 집안일은 나눠서 해야 한다고 생각한다. 이런 현상의 가장 큰 원인으로 여성들의 경제 활동 참여의 증가를 들 수 있다. 여성들의 경제 활동으로 집안일을 하는 시간이 점차 줄어들게 되었고 여성과 남성이 서로 일을 나누어서 하게 되었다.
>
> 그리고 또 다른 원인으로는 집안일이 여성들만의 일이 아니라는 생각의 변화이다. 한 조사에 의하면 남편이 아내를 도와주는 집안일 중 가장 많이 하는 것은 청소기 돌리기와 설거지인 것으로 나타났다. 이것은 가장 쉽게 도와줄 수 있는 일이기 때문인 것으로 보인다. 그러나 남편이 집안일을 '도와준다'고 말하는 것은 아직도 집안일은 '여성의 일'이라는 편견이 남아 있다는 것을 보여준다.

1. 위 글의 내용과 **다른 것**을 고르십시오.

① 시대가 변하면서 사람들의 생각도 변화하였다.

② 옛날에는 집안일은 여자가 해야 한다고 생각했다.

③ 청소기 돌리기는 남편이 쉽게 도와줄 수 있는 집안일이다.

④ 여성들의 경제 활동 참여로 여성들은 집안일을 하지 않는다.

2. 남편과 아내가 어떻게 집안일을 나누면 좋겠습니까?

새 단어

가사 나누다 남성 남편 늘어나다 당연히 바뀌다 부부
설거지 시대 아내 여성 원인 줄어들다 증가 참여 편견 현상

쓰기

다음은 여러 가지 청소 방법입니다.

여러분이 알고 있는 청소 방법은 무엇이 있습니까?

보기

창문 / 거울	걸레보다 신문지로 닦는 것이 좋다.
세탁기	물로 깨끗이 닦는다.
가전제품	물을 사용하지 않고 헝겊으로 닦는다.
컴퓨터	진공청소기와 붓으로 청소한다.
침대	물을 사용하지 않고 마른 수건으로 닦는다.

청소를 할 때 무조건 물로 닦는 것은 좋지 않습니다. 창문이나 거울은 젖은 걸레보다는 신문지를 사용해서 닦는 것이 더 깨끗합니다. 세탁기처럼 물을 사용하는 가전제품은 물로 청소를 해도 좋지만 열이 나는 가전제품은 물을 사용하면 절대 안 됩니다. 그런 가전제품들은 헝겊이나 마른 수건으로 닦아야 합니다. 컴퓨터도 진공청소기나 붓으로 먼지를 떨어 청소합니다. 마지막으로 침대는 마른 수건으로 먼지를 떨고 물을 사용하지 않고 수건에 세제를 묻혀 닦습니다.

변기	
가스레인지	
가죽 소파	
자전거	

__________은/는 ____________________(으)로 닦으면 좋습니다.

그리고 ____

____

____

____

____

새 단어: 가스레인지 가죽 거울 깨끗이 마지막 무조건 묻히다 변기 붓 세제 소파 수건 신문지 절대 젖다 진공청소기 헝겊

02 빨래가 이것밖에 없어요?

문법 (1)

▲ 밖에

명사	받침 O	밖에	귤밖에
	받침 X		사과밖에

주머니에 돈이 천 원밖에 없어요.

연주 씨는 치마밖에 안 입어요.

▲ 연습

다음 대화를 완성하십시오.

1. 가 : 만 원이 있으면 좀 빌려 주세요.
   나 : 돈이 5,000원밖에 없는데요.

2. 가 : 식사하셨어요?
   나 : 아니요. ______________________.

3. 가 : 한국 배우를 많이 알아요?
   나 : 아니요. ______________________.

4. 가 : 오늘 시험인데 공부 많이 했어요?
   나 : ______________________.

5. 가 : 시간이 얼마나 있어요?
   나 : ______________________.

문법 (2)

▲ -(으)려고요

동사	받침 O	-으려고요	먹으려고요
	받침 X	-려고요	쉬려고요

커튼을 새 것으로 바꿔 달려고요.

친구들을 초대하려고요.

▲ 연습

다음 대화를 완성하십시오.

1. 가 : 주말에 뭐 할 거예요?

   나 : 친구를 만나서 어머니 선물을 사려고요.

2. 가 : 왜 그렇게 돈을 많이 찾아요?

   나 : 등록금을 ______________________________.

3. 가 : 왜 갑자기 일어나요?

   나 : 추워서 창문을 ______________________________.

4. 가 : 아르바이트를 해서 뭐 할 거예요?

   나 : ______________________________.

5. 가 : 소고기를 많이 샀네요.

   나 : ______________________________.

문법 (3)_

▲ -아/어/여서요

동사 / 형용사	ㅏ, ㅗ	-아서요	잡아서요
	ㅓ, ㅜ, ㅡ, ㅣ,…	-어서요	예뻐서요
	하다	-여서요	좋아해서요

산에 가려고요. 날씨가 좋아서요.

저는 밥을 안 먹을래요. 배가 불러서요.

도서관에서 공부하기로 했어요. 도서관이 조용해서요.

▲ 연습

다음 대화를 완성하십시오.

1. 가 : 어제 왜 학교에 안 왔어요?

   나 : 몸이 아파서요.

2. 가 : 3시인데 벌써 집에 가요?

   나 : 네. ______________________________.

3. 가 : 이 식당에 자주 오시네요.

   나 : 음식이 ______________________________.

4. 가 : 저녁을 먹고 나서 같이 노래방에 가요.

   나 : 미안해요. ______________________________.

5. 가 : 왜 이렇게 늦게 왔어요?

   나 : ______________________________.

어휘와 표현 (1)

▲ 세탁

세탁기를 돌리다

빨래를 널다

빨래를 말리다

빨래를 걷다

빨래를 개다

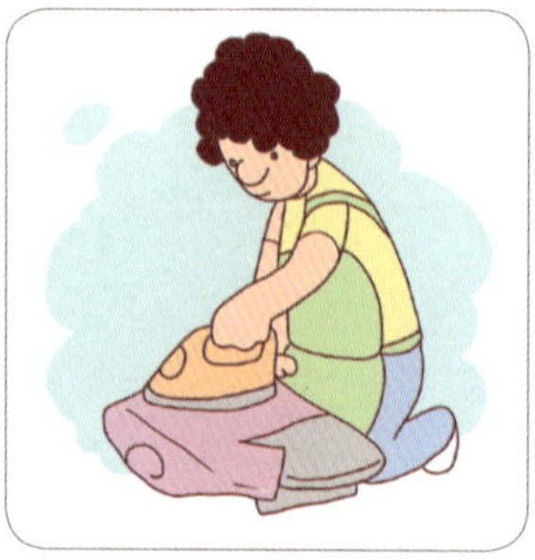
옷을 다리다

▲ 연습

다음 밑줄 친 곳에 들어갈 말을 쓰십시오.

1. 장마철에는 비가 자주 와서 빨래가 쉽게 ________________.
2. 세탁기를 ________ 전에 세제를 넣어야 하는데 깜빡 잊어버렸어요.
3. 더운 여름에 ________________ 것은 정말 힘들어요.
4. 다 마른 빨래를 ________ 동생하고 같이 ________________.

어휘와 표현 (2)

▲ 세탁 기호

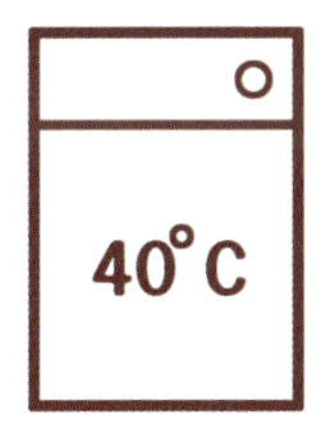

물 온도 40도로
세탁기와 손세탁

약하게 손세탁
중성 세제 사용
세탁기 사용 안 됨

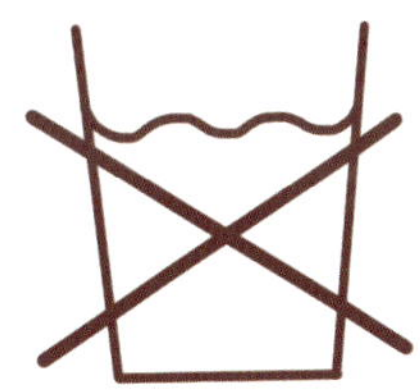

물세탁 안 됨

드라이클리닝 가능

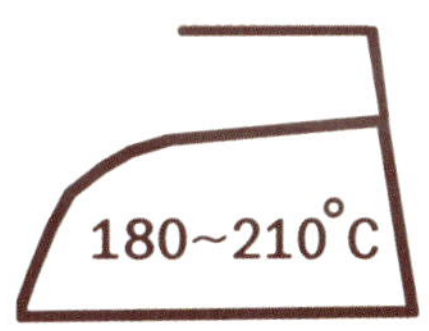

180~210도로 다리미질함

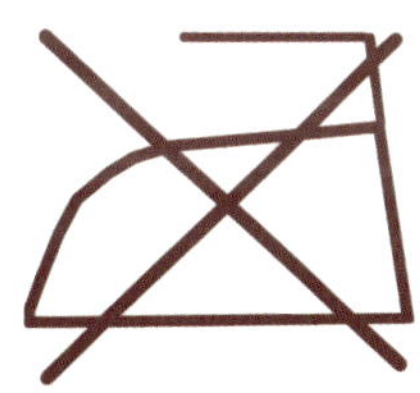

다림질 안 됨

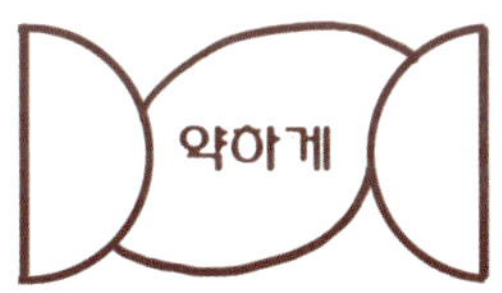

약하게 짜야 함

짜면 안 됨

옷걸이 걸어서
그늘에서 건조

본문

즈옌 : 지금 세탁기 돌릴 건데 빨랫감이 있으면 주세요.
바이멍 : 저도 빨래를 하려고 했는데 잘 됐네요.

(잠시 후)

바이멍 : 여기 있어요. 고마워요.
즈옌 : 빨래가 이것밖에 없어요?
바이멍 : 블라우스가 하나 더 있는데 그건 세탁소에 맡기려고요.
즈옌 : 왜요? 손으로 빨면 안 돼요?
바이멍 : 네. 그 옷은 꼭 드라이클리닝을 해야 해서요.
즈옌 : 그럼, 이것만 같이 돌릴게요.

새 단어 블라우스 빨랫감

말하기_

여기는 세탁소입니다. 다음 상황을 읽고 대화해 봅시다.

미나	내일이 졸업식이에요. 밝은 색 정장인데 치마에 커피 얼룩이 묻었어요.
나타샤	오래 된 가죽 점퍼를 세탁하고 고치고 싶어요.
장뢰이	작년에 산 긴 치마를 짧은 치마로 수선하고 싶어요.
민준	비싼 스웨터가 더러워져서 세탁해야 해요.

보기

아저씨 : 어서 오세요. 무슨 일로 오셨어요?
미나 : 내일 입을 정장에 커피 얼룩이 묻어서요.
얼룩을 빼고 싶은데 방법을 몰라서 맡기려고요.
아저씨 : 어디 봅시다. 밝은 색 옷에 커피 얼룩이 묻어서 보기가 나쁘군요.
커피 얼룩은 주방용 세제와 식초를 섞어서 칫솔로 문질러서 빼야 해요.
미나 : 그런 방법이 있군요. 그런데 아저씨, 이 정장을 언제 찾으러 올까요?
가능하면 빨리 되면 좋겠어요. 내일 졸업식 때 입어야 해서요.
아저씨 : 알겠어요. 세탁이 다 되면 바로 연락을 드릴게요.

가 : ______________________________

나 : ______________________________

가 : ______________________________

나 : ______________________________

가 : ______________________________

나 : ______________________________

가 : ______________________________

나 : ______________________________

새 단어 맡기다 문지르다 묻다 섞다 수선하다 얼룩 입다 졸업식 주방용

듣기

다음을 듣고 물음에 답하십시오.

1. 두 사람은 무엇에 대해 이야기하고 있습니까?

① 원피스 교환 방법 ② 원피스 세탁 방법
③ 원피스 옷감 선택법 ④ 원피스 싸게 사는 법

2. 들은 내용과 맞으면 O, 틀리면 X 표를 하십시오.

1) 여자는 인기가 많다. (　　)
2) 여자는 원피스를 사지 않았다. (　　)
3) 여자는 세탁하기 편한 옷을 사고 싶었다. (　　)
4) 이 원피스는 꼭 드라이클리닝 해야 한다. (　　)
5) 여자는 마지막 하나 남아 있는 원피스를 샀다. (　　)

새 단어 남다 상하다 손빨래 옷감 한두

읽기

다음을 읽고 물음에 답하십시오.

옷에 얼룩이 묻었을 때는 어떻게 해야 할까요? 얼룩마다 지우는 방법이 다릅니다.

먼저 김치 얼룩은 양파즙을 바르고 다음날 물로 빨면 됩니다. 간장은 무즙을 얼룩 위에 바른 후 물수건으로 두드리면서 닦아내면 됩니다. 과일주스는 흐르는 찬물에 씻은 후 식초를 한 방울 떨어뜨리고 10분 후에 헹구면 됩니다. 커피는 주방용 세제와 식초를 섞어서 빨고, 기름은 아세톤과 주방용 세제로, 볼펜은 알코올과 주방용 세제로 지울 수 있습니다.

1. 무엇에 대한 글입니까?

① 쉬운 빨래 방법　② 식초 사용의 중요함

③ 주방용 세제의 편리함　④ 옷에 묻은 얼룩 제거 방법

2. 다음을 알맞게 연결하십시오.

김치 •	• 무즙
볼펜 •	• 주방용 세제 + 식초
커피 •	• 알코올 + 주방용 세제
기름 •	• 아세톤 + 주방용 세제

3. 여러분이 알고 있는 얼룩 제거 방법에 대해 이야기해 봅시다.

	얼룩	제거 방법
1		
2		
3		

새 단어　간장　기름　두드리다　떨어뜨리다　무즙　바르다　방울　아세톤　알코올　양파즙　제거　지우다　찬물　헹구다　흐르다

쓰기

여러분이 가지고 있는 옷 한 가지를 선택하여 세탁 방법 표시를 보고 알맞은 세탁 방법에 대해 써 봅시다.

옷 종류	청바지
옷감 종류	면100%
세탁기호	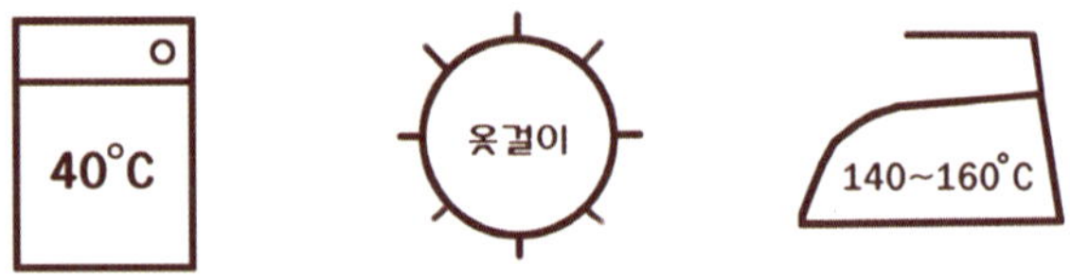
세탁법	40도 정도의 물에서 세탁하고 옷걸이에 걸어서 햇볕에 말리십시오. 그리고 140~160도의 온도에서 다리미로 다릴 수 있습니다.

옷 종류	블라우스
옷감 종류	실크 100%
세탁기호	
세탁법	

새 단어 면 실크 햇볕

03

그래야 환경오염도 줄일 수 있고요.

문법 (1)_

▲ -고요

동사 / 형용사	받침 O	-고요	먹고요
	받침 X		바쁘고요

얼굴이 예뻐요. 성격도 좋고요.

옷을 빨아요. 청소도 하고요.

▲ 연습

다음 대화를 완성하십시오.

1. 가 : 어떤 운동을 좋아하세요?
   나 : 축구를 좋아해요. <u>야구도 좋아하고요</u>.

2. 가 : 이번 중간시험은 잘 봤어요?
   나 : 쓰기는 잘 봤어요. ______________________________.

3. 가 : 내일 안 바쁘면 저하고 영화 볼래요?
   나 : 좋아요. ______________________________.

4. 가 : 한국의 여름은 어때요?
   나 : 비가 많이 와요. ______________________________.

5. 가 : 주말에는 남자 친구랑 뭐했어요?
   나 : ______________________________.

문법 (2)

▲ -기는 하지만

동사 / 형용사	받침 O	-기는 하지만	먹기는 하지만
	받침 X		슬프기는 하지만

한국어가 좀 어렵기는 하지만 재미있어요.

놀이기구를 타기는 하지만 좋아하지는 않아요.

▲ 연습

다음 대화를 완성하십시오.

1. 가 : 그 옷이 잘 어울릴 것 같은데 그 옷으로 사세요.
   나 : 어울리기는 하지만 좀 비싸서요.

2. 가 : 뉴스를 듣는 게 듣기 공부에 도움이 돼요?
   나 : ______________________ 처음에는 조금 어려울 거예요.

3. 가 : 이 방이 좋기는 하지만 좀 비싸네요.
   나 : 비싸기는 하지만 ______________________.

4. 가 : 떡볶이가 매운데 먹을 수 있겠어요?
   나 : ______________________.

5. 가 : ______________________.
   나 : ______________________.

문법 (3)

▲ -(으)ㄹ 텐데

동사 / 형용사	받침 O	-을 텐데	먹을 텐데
	받침 X	-ㄹ 텐데	예쁠 텐데

그 책에는 모르는 단어가 많을 텐데 더 쉬운 책을 보세요.

오후에 비가 올 텐데 우산을 가지고 가세요.

▲ 연습

다음 대화를 완성하십시오.

1. 가 : 벌써 3시예요. 수지 씨가 기다릴 텐데 빨리 가요.
   나 : 그래요. 빨리 가요.

2. 가 : 옷을 한 벌 사고 싶은데 요즘 옷이 너무 비싸요.
   나 : 시장이 ____________________ 시장에 가 보세요.

3. 가 : 마이클 씨가 서울에 도착했을까요?
   나 : 출발한 지 2시간이 지났으니까 ____________ 전화해 볼까요?

4. 가 : 미선 씨, 밤새 일을 한 거예요?
   나 : 일이 좀 많아서 어제 밤에 잠도 못 자고 일했어요.
   가 : 그러면 많이 __________ 좀 쉬세요. 쉬지 않고 일하면 병이 나요.

5. 가 : 폴 씨는 왜 점심을 안 먹어요?
   나 : 숙제를 안 해서 숙제를 하고 먹으려고요.
   가 : 아직 점심을 안 먹었으면 __________________________.

어휘 _

▲ 분리수거와 재활용

플라스틱

병

캔

종이

스티로폼

의류

비닐

음식물 쓰레기

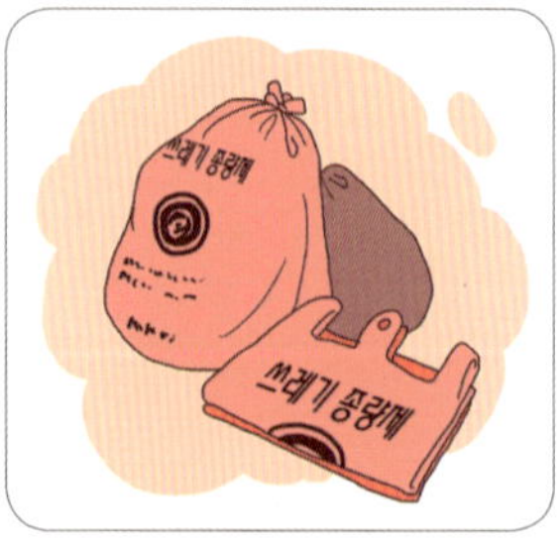

쓰레기봉투

▲ 연습

알맞은 단어를 넣어 문장을 완성하십시오.

요즘은 쓰레기를 버릴 때 그냥 버리면 안 된다. ____________할 수 있는 쓰레기는 따로 모아서 버려야 한다. 또 ____________은/는 물기를 없앤 후에 따로 모으고 일반 쓰레기는 ____________에 담아서 버려야 한다.

본문

수렌 : 쓰레기 좀 버리고 올게요.

동지에 : 어, 잠깐만요. 그렇게 한꺼번에 버리면 안 돼요. 따로따로 분리해서 버려야 돼요.

수렌 : 어떻게 분리해야 하는데요?

동지에 : 종이는 종이끼리, 병은 병끼리 모아서 버려야 해요.

수렌 : 그렇게 하면 불편할 텐데 매번 그렇게 버려야 해요?

동지에 : 네. 좀 불편하기는 하지만 재활용이 가능한 물건은 분리해서 버리는 것이 좋아요. 그래야 환경오염도 줄일 수 있고요.

수렌 : 그러면 저도 앞으로는 분리해서 버려야겠네요.

새 단어 : 매번 분리하다 섞이다 한꺼번에 환경오염

말하기

버리는 물건을 재활용하는 방법에 대해서 말해 봅시다.

버리는 물건	재활용 방법
바나나 껍질	가죽 제품을 닦는다.
신문지	창문을 닦는다.

보기

가 : 이 가죽 옷이 더러워졌는데 어떻게 해야 하지요?
나 : 바나나 껍질로 닦아 보세요.
가 : 그러면 옷에 냄새가 날 텐데 괜찮아요?
나 : 냄새가 나기는 하지만 금방 없어져요.
그리고 가죽용 약을 사용하는 것보다 더 좋고요.
가 : 그럼, 저도 다음부터는 바나나를 사용해 봐야겠어요.

가 : ______________________________
나 : ______________________________
가 : ______________________________
나 : ______________________________
가 : ______________________________
나 : ______________________________
가 : ______________________________
나 : ______________________________

새 단어 금방 껍질 냄새 바나나

듣기

다음을 잘 듣고 물음에 답하십시오.

1. 한국에서는 왜 쓰레기봉투를 사용합니까?

____

2. 들은 내용과 **다른 것**을 고르십시오.

① 한국은 쓰레기봉투를 돈을 내고 사야 한다.
② 남자는 기숙사에서도 쓰레기봉투를 사용했다.
③ 쓰레기를 쓰레기봉투에 버리지 않으면 벌금을 내야 한다.
④ 쓰레기봉투 외에 다른 봉투의 쓰레기는 가져가지 않는다.

새 단어 느껴지다 대형 들다 벌금 아깝다 양 외 줄이다 환경미화

읽기

다음을 읽고 물음에 답하십시오.

우리나라의 전체 생활 쓰레기 중 음식물 쓰레기가 30% 정도로 가장 많은 양을 차지하고 있다. 전국적으로 버려지는 음식물 쓰레기의 양은 하루에 8톤 트럭으로 약 19대이다. 한 사람이 버리는 음식물 쓰레기양은 연평균 98Kg이다. 이것을 돈으로 바꾸면 연 20조 원 정도 되고 이 쓰레기를 처리하기 위한 비용이 6천억 원 이상 든다고 한다. 또한 이런 음식물 쓰레기는 환경오염의 원인이 된다. 그렇다면 음식물 쓰레기의 양을 줄이는 방법은 없을까?

먼저 음식을 만들 재료를 구입할 때 꼭 필요한 양만 구입하는 게 중요하다. 또 음식을 만들 때는 가족이 한 번에 먹을 수 있는 양만 만들어야 한다. 그리고 음식점에서 음식을 남겼을 때는 남긴 음식을 포장해서 집에 가져가는 것이 좋다. 또한 음식물 쓰레기를 버릴 때는 물기를 꼭 빼고 버려야 한다. 이런 작은 일들을 실천하는 것이 음식물 쓰레기를 줄일 수 있는 방법이 될 것이다.

1. 이 글의 중심 생각은 무엇입니까?

① 음식물 쓰레기 처리 비용이 많이 든다.

② 음식물 쓰레기는 물기가 없어야 한다.

③ 음식물 쓰레기를 줄이는 노력이 필요하다.

④ 음식물 쓰레기가 버려지는 쓰레기 중 제일 많다.

2. 음식물 쓰레기를 줄일 수 있는 방법에는 어떤 것이 있습니까? 쓰십시오.

첫째, ______________________________

둘째, ______________________________

셋째, ______________________________

넷째, ______________________________

새 단어 가져가다 노력 대 버려지다 실천하다 약 연평균 음식점 전국적 조 차지하다 처리 톤 트럭

쓰기

우리가 환경 오염을 줄이기 위해서 할 수 있는 일을 쓰십시오.

할 일	이 유
종이컵 사용하지 않기	· 종이컵을 버릴 때마다 지구의 나무가 줄어든다. · 산소의 양은 줄어들고 이산화탄소의 양은 늘어난다.
장바구니 사용하기	· 비닐봉투는 썩는데 120년 이상 걸린다. ·

요즘 쓰레기가 많이 배출되어서 환경이 오염되고 있다. 이런 환경오염을 줄이기 위해서 어떤 일을 하면 좋을까?

우선 종이컵을 사용하지 않는 것이 좋다. 종이컵은 나무로 만드는데 우리가 종이컵을 사용할 때마다 지구의 나무가 줄어든다. 그 결과 산소의 양이 점점 줄어들고 이산화탄소의 양은 늘어난다. 그러므로 음료수를 마시거나 물을 마실 때는 종이컵을 사용하지 않는 것이 좋다.

두 번째, ______________________________

____

____

____

____

____

____

____

마지막으로 ______________________________

____

____

새 단어: 결과 나무 배출되다 산소 썩다 이산화탄소 장바구니 종이컵 지구

04 할인 쿠폰이 있어서 싸게 살 수 있어.

문법 (1)_

▲ (이)나

명사	받침 O	이나	세 시간이나
	받침 X	나	다섯 대나

우리 집에 손님이 열 명이나 왔다.

내 동생은 만두를 혼자서 3접시나 먹었다.

▲ 연습

다음 그림을 보고 문장을 만드십시오.

1. 
배가 고파서 자장면을 다섯 그릇이나 먹었어요.

2. 
빵을 샀는데 ______________________.

3. 

사과 값이 ______________________.

4. 
세일을 해서 옷을 ______________________.

5. 
남자 친구한테서 꽃을 ______________________.

문법 (2)_

▲ 반말 1

평서 / 의문	-아/어/여요	→	-아/어/여	들어와
	이에요/예요	→	이야/야	교실이야
	-(으)ㄹ 거예요	→	-(으)ㄹ 거야	공부할 거야

이 식당은 비빔밥이 맛있어.

우리 오빠는 의사야.

저녁은 집에서 먹을 거야.

▲ 연습

다음 대화를 완성하십시오.

1. 가 : 주말에 서울에 갈 거야?

   나 : 아니. 숙제하고 쉴 거야.

2. 가 : 얼굴 표정이 안 좋은데 어디 아파?

   나 : 응. ______________________________.

3. 가 : 형은 무슨 일을 해?

   나 : 우리 형은 ______________________________.

4. 가 : 오늘 좀 만나고 싶은데 바빠?

   나 : ______________________________.

5. 가 : 어제 친구랑 같이 무슨 영화 봤어?

   나 : ______________________________.

문법 (3)_

▲ 반말 2

명령	-(으)ㅂ시다 → -자	공부하자
청유	-(으)세요 → -아/어/여	올라가
제안	-(으)ㄹ까요? → -(으)ㄹ까	먹을까?

여기에 앉자.

이 꽃을 받아.

날씨도 좋은데 우리 산책할까?

▲ 연습

다음 대화를 완성하십시오.

1. 가 : 이번 주말에 <u>박물관에 갈까</u>?
   나 : 그래. 좋아.

2. 가 : 액션 영화를 ______________________?
   나 : 액션 영화는 지난번에 봤으니까 ______________________.

3. 가 : 이 옷이 나한테 ______________________?
   나 : 아니. 작지 않을 거야.

4. 가 : 학교에 안 가? 벌써 8시 반이야. 빨리 ______________________.
   나 : 알았어. 지금 일어날게.

5. 가 : 공원에 가서 사진을 ______________________?
   나 : 좋아. 그리고 아이스크림도 ______________________.

▲ 쇼핑

쇼핑 카트

할인 쿠폰

적립 카드

물품 보관함

1+1

사은품

가격 할인

반짝세일

▲ 연습

다음을 읽고 알맞은 단어를 쓰십시오.

1. 할인 쿠폰이 있어서 라면을 싸게 샀어요.
2. 쇼핑을 하고 __________에 포인트를 쌓으면 나중에 현금처럼 사용할 수 있어요.
3. 커피를 사고 __________(으)로 컵을 하나 받았어요.
4. 짧은 시간 동안 하는 세일을 __________(이)라고 해요.
5. __________ 행사를 할 때는 한 개 값으로 두 개를 받을 수 있어서 좋아요.

본문 _

조옌 : 집에 먹을 게 없어서 장을 보러 가야겠어.
장뢰이 : 혼자 가지 말고 같이 가자. 나도 살 게 있어.
조옌 : 그럼 살 물건을 꼼꼼하게 적어서 가자.
장뢰이 : 그거 좋은 생각인데.
조옌 : 샴푸도 떨어졌고 과일이랑 야채도 좀 사야 해. 라면도 한 상자 사고.
장뢰이 : 한 상자나 살 거야?
조옌 : 라면 할인 쿠폰이 있어서 싸게 살 수 있어.
장뢰이 : 좋아. 그럼 장바구니랑 적립카드를 챙겨.

새 단어 떨어지다 상자 샴푸 야채 장 적다 챙기다

말하기_

친구와 같이 마트에 장을 보러 왔습니다. 친구와 말해 봅시다.

사야 하는 물건	달걀 / 과일	음료수 / 라면 / 그릇
갖고 있는 쿠폰	커피 할인 쿠폰 달걀 할인 쿠폰	우유 할인 쿠폰 비누 할인 쿠폰
마트에서 하는 행사	치약 1+1 사과 가격 5% 할인 커피 사은품 증정	샴푸 1+1 그릇 가격 할인 비누 사은품 증정

보기

가 : 과일을 사야 하는데 무슨 과일을 살까?
나 : 사과를 세일하는데 사과를 사자.
가 : 그러자. 그리고 커피도 사자. 커피를 사면 사은품도 줘.
나 : 좋아. 커피 할인 쿠폰도 있으니까 싸게 살 수도 있어.
가 : 치약도 1+1 행사를 하네.
나 : 우리 그것도 사자.

가 : ______________________________

나 : ______________________________

가 : ______________________________

나 : ______________________________

가 : ______________________________

나 : ______________________________

가 : ______________________________

나 : ______________________________

새 단어 : 달걀 비누 우유 증정

듣기

다음을 잘 듣고 물음에 답하십시오.

1. 들은 내용과 **다른 것**을 고르십시오.
 ① 지금 갈치를 싸게 살 수 있다.
 ② 이 세일은 제주도에서 하고 있다.
 ③ 갈치를 10명만 싸게 살 수 있다.
 ④ 갈치를 50% 할인된 가격에 살 수 있다.

2. 들은 내용과 같은 것을 고르십시오.
 ① 지금부터 5분 후에 세일이 끝난다.
 ② 3,980원에 귤 두 봉지를 살 수 있다.
 ③ 귤 한 봉지를 사면 두 봉을 무료로 준다.
 ④ 30명에게 귤을 무료로 주는 행사를 하고 있다.

새 단어
기회 귤 놓치다 들다 말다 바라다 방금 봉(지)
서두르다 선착순 올라오다

읽기

다음을 읽고 물음에 답하십시오.

높아진 물가로 고생하는 주부들을 위한 알뜰 장보기 5가지!

첫째, 대형 마트 마감 시간에 장을 본다. 농산물, 축산물, 수산물 등은 마감 시간에 주로 있는 '반짝세일'을 이용하는 것이 좋다. 주말이 아닌 평일 폐점 1시간~30분 전에 장을 보러 가면 생선, 과일, 야채 등 신선 식품을 최대 50% 할인한 가격에 살 수 있다.

둘째, 제휴 카드를 활용한다. 제휴 카드로 구매하면 다양한 할인 혜택을 받을 수 있다. 각 카드 회사별로 상품에 대한 할인 판매를 하는 경우가 있다. 미리 전단지를 보고 이를 잘 활용하면 할인 가격에 물건을 살 수 있다. 또 우수 고객에게는 각 상품별 할인 쿠폰을 제공하고 있어 추가 할인도 받을 수 있다.

셋째, '공동 구매'를 한다. '1+1' 행사 품목은 이웃과 같이 구입해서 나누면 알뜰 구매를 할 수 있다.

넷째, 장보기 전에 필요한 물품을 메모한다. 알뜰한 장보기를 위해서는 필요한 물건을 미리 정확히 아는 것이 가장 중요하다. 필요한 물건을 정확히 알아야 충동구매를 하지 않는다.

다섯째, 마트보다 집 근처 슈퍼마켓이나 시장을 이용하는 것이 좋다. 마트에 가면 여러 상품이 진열되어 있어서 사지 않아도 되는 물건을 사는 일이 많기 때문이다.

1. 이 글의 중심 내용은 무엇입니까?

① 공동 구매를 하는 방법 ② 충동구매를 줄이는 방법

③ 카드를 잘 사용하는 방법 ④ 알뜰하게 물건을 구매하는 방법

2. 이 글의 내용과 맞으면 O, 틀리면 X 표를 하십시오.

1) 공동 구매를 이용해야 1+1 제품을 살 수 있다. (　　　)

2) 적립 카드로 사면 물건을 싸게 살 수 있다. (　　　)

3) 대형 마트에서는 할인 시간을 이용하면 물건을 싸게 살 수 있다. (　　　)

4) 주말에 대형 마트에 가면 신선 식품을 최대 50% 싸게 살 수 있다. (　　　)

새 단어 고생하다 공동 구매 농산물 마감 메모 물가 상품 생선 수산물 식품 알뜰하다 우수 이웃 장보기 전단지 정확히 제휴 진열되다 최대 추가 축산물 충동구매 폐점 품목 혜택 활용하다

쓰기

알뜰하게 장을 보는 방법은 어떤 것이 있습니까?
여러분이 알고 있는 장보기 방법을 쓰십시오.

마트	· 할인 시간을 이용한다. · ·
시장	
백화점	

마트에서 장을 볼 때는 ______________________

____

____

____

____

시장에서는 ______________________

____

____

____

____

백화점에서는 ______________________

____

____

____

____

05 손 없는 날

한국에서는 봄이나 가을에 이사하는 사람들이 많습니다. 날씨도 좋고 비도 많이 오지 않아서 이사하기에 좋기 때문입니다. 이렇게 사람들이 이사를 많이 하는 때를 '이사철'이라고 합니다.

이사를 할 때 사람들은 특히 '손 없는 날'에 하려고 합니다. '손 없는 날'에서 '손'이란 '손님'을 줄인 말로 '사람들을 괴롭히는 악귀'를 뜻합니다. 따라서 '손 없는 날'이란 '악귀가 없는 날'입니다. 그래서 사람들은 그 날을 이사하기에 좋은 날이라고 생각합니다. 또한 그날에는 결혼이나 개업과 같은 중요한 일을 하려는 사람들도 많습니다.

새 단어: 개업 괴롭히다 따르다 손 악귀 이사철

| 쉽게 말하는 한국어 3 |

3과 대학 생활

01. 심리학 개론을 신청한다고 하더니 생각이 바뀌었네.

02. 저는 사물놀이 동아리에 가입할까 해요.

03. 행사 내용도 작년에 비해서 다양해졌어요.

04. 내일까지 내야 하거든요.

05. 한국의 입시 문화

01

심리학 개론을 신청한다고 하더니 생각이 바뀌었네.

문법 (1)_

▲ -더니

동사 / 형용사	받침 O	-더니	듣더니
	받침 X		예쁘더니

두 사람이 사이가 좋더니 지금은 연락도 안 해요.

열심히 공부하더니 시험 성적이 좋아졌어요.

▲ 연습

다음 대화를 완성하십시오.

1. 가 : 밖의 날씨가 어때요?

   나 : 아침에는 맑더니 지금은 비가 와요.

2. 가 : 미가 씨, 아직도 아파요?

   나 : 아니요. 아까는 많이 ________________ 지금은 괜찮아졌어요.

3. 가 : 앤디 씨가 수영 대회에서 1등을 했대요.

   나 : 열심히 ____________________________ 결국 1등을 했네요.

4. 가 : 오늘은 아이가 일찍 자는군요.

   나 : 낮잠도 안 자고 계속 ________________ 피곤한지 일찍 자네요.

5. 가 : 미진 씨가 다음 달에 결혼한대요.

   나 : 정말요? ______________________ 졸업도 하기 전에 하는군요.

문법 (2)_

▲ 에 관해(서)

명사	받침 O	에 관해(서)	시험에 관해(서)
	받침 X		날씨에 관해(서)

수업 후 선생님과 전공에 관해서 이야기했어요.

다음 수업 시간에는 청소년 문제에 관해 토론하겠습니다.

▲ 연습

다음 대화를 완성하십시오.

1. 가 : 야구 규칙을 좀 아세요?

   나 : 아니요. 저는 야구에 관해서 전혀 몰라요.

2. 가 : 서점에는 왜 가요?

   나 : ____________________ 쓴 책 좀 사려고요.

3. 가 : 논문 주제는 정했어요?

   나 : 네. _________________________ 쓰려고 해요.

4. 가 : 충북대학교에 있는 ____________ 알고 싶은데 어떻게 하면 되죠?

   나 : 무슨 전공이 있는지 알고 싶으면 우선 홈페이지를 보는 게 어때요?

5. 가 : 시험에서 몇 점을 받아야 장학금을 받을 수 있어요?

   나 : 저도 잘 모르는데, 학과 사무실에 전화해서 ________ 물어 보세요.

문법 (3)_

▲ -(으)ㄹ지 -(으)ㄹ지

동사 / 형용사	받침 O	-을지 -을지	김치찌개를 먹을지 된장찌개를 먹을지
	받침 X	-ㄹ지 -ㄹ지	파란색이 예쁠지 분홍색이 예쁠지

선물로 가방이 좋을지 구두가 좋을지 모르겠어요.

이번 일요일에 친구와 영화를 볼지 놀이공원에 갈지 아직 못 정했어요.

▲ 연습

다음 그림을 보고 문장을 만드십시오.

1. 

오늘 저녁에 <u>밥을 할지 라면을 끓일지 생각하고 있어요</u>.

2. 

데이트를 할 때 ______________________________.

3. 

이번 여행은 ______________________________.

4. 

집들이를 하는데 ______________________________.

5. 

내일 산에 가려고 하는데 날씨가 ____________________.

어휘

학번	학사 일정	교과목	교과 과정	수강 신청	강의 시간표
강의 계획서	전공	다전공	교양	필수	선택	학점

▲ 연습

다음 밑줄 친 곳에 들어갈 말을 고르십시오.

1. 홈페이지에서 자신이 전공하는 학과의 ____________을/를 보면 졸업할 때까지 어떤 과목들을 들어야 하는지 알 수 있다.
2. 대학생들은 시험 볼 때 답안지에 이름과 ____________을/를 써야 한다.
3. 개강이 언제인지 궁금해서 이번 학기 ____________을/를 확인해 보았다.
4. '국어와 작문'은 ____________ 과목이기 때문에 국어 관련 전공자가 아닌 사람도 꼭 들어 야 한다.
5. 강의 내용을 잘 모를 때는 ____________을/를 다운 받아 읽어 보면 된다.

본문

아노트 : 수강 신청 기간이 내일까지인데 수강 신청 했어?

바이멍 : 아직 못했어. 한국의 대기업에 관해서 공부하고 싶은데 경영학 개론을 신청해야 할지 경제학 개론을 신청해야 할지 모르겠어.

아노트 : 지난번에는 심리학 개론을 신청한다고 하더니 생각이 바뀌었네.

바이멍 : 응. 심리학은 아직 어려운 것 같아서 조금 쉬운 과목을 선택하려고 해.

아노트 : 나도 어느 과목이 좋을지 잘 모르겠네.
조교와 상의해 보거나 선배들에게 물어 보는 게 어떨까?

바이멍 : 그래야겠다. 강의 내용에 관해서는 조교나 선배들이 많이 알고 있을 거야.

새 단어 강의 개론 경영학 과목 대기업 상의하다 심리학 조교

말하기_

다음 교양 과목에 대한 표를 보면서 보기와 같이 대화해 봅시다.

과목명	강의 시간	지난 학기와 달라진 것
한국 문화의 이해	화 1,2,3	김 교수 → 이 교수
한국 역사의 이해	화 1,2,3	답사 2번 → 답사 1번
여성 심리학	월 1 / 화 2,3	중간 시험 ×, 기말 시험 ○ → 중간 시험 ○, 기말 시험 ○
결혼과 가족	월 1 / 수 5,6	쪽지 시험 × → 쪽지 시험 ○
연극 영화의 이론과 감상	금 5,6,7	감상문을 한 학기에 한 번 제출 → 감상문을 한 달에 한 번 제출
수영의 이론과 실기	금 5,6,7	항상 수영장에서 수업 → 격주로 수영장에 간다.

보기

후배 : 저는 한국의 역사나 문화에 관해서 공부하고 싶은데요.
한국 문화의 이해를 들어야 할지 한국 역사의 이해를 들어야 할지 결정하지 못했어요.

선배 : 한국 문화의 이해는 지난 학기에는 김 교수님께서 강의하시더니 이번 학기는 이 교수님이시네. 이 교수님은 강의를 재미있게 하신다고 해. 그리고 한국 역사의 이해는 답사를 2번 가더니 이번 학기에는 1번 가네.

후배 : 그럼 한국 문화의 이해를 신청해야겠네요.

가 : ______________________________

나 : ______________________________

가 : ______________________________

나 : ______________________________

가 : ______________________________

나 : ______________________________

가 : ______________________________

나 : ______________________________

새 단어 감상 감상문 강의하다 격주 기말 답사 실기 얘기하다 연극 이론 쪽지 후배

듣기

다음을 듣고 물음에 답하십시오.

1. 들은 내용과 같은 것을 고르십시오.
① 미가 씨는 오리엔테이션에 참석한다고 했다.
② 미가 씨는 오리엔테이션의 의미를 잘 몰랐다.
③ 오리엔테이션은 1박 2일 동안 학교에서 한다.
④ 오리엔테이션에 가면 부모님을 만날 수 있다.

2. 오리엔테이션은 언제 합니까?

____

3. 미가 씨는 무엇을 고민하고 있습니까?

____

새 단어 오리엔테이션 의미 참석하다

읽기

다음을 읽고 물음에 답하십시오.

> ### 신입생 환영회
>
> 새내기 여러분! 컴퓨터공학과에 들어오신 것을 환영합니다.
> 새 학년, 새 학기를 맞아 신입생 여러분과의 따뜻한 만남의 자리를 마련하려고 합니다. 새내기분들은 모두 참석하시기 바랍니다.
>
> - 일시 : 2012년 3월 16일(금) 오후 6시 30분
> - 장소 : 충북대학교 근처 충북식당
> - 주최 : 충북대학교 전자정보대학 컴퓨터공학과 학생회
>
> * 교수님 소개
> * 학과 임원 및 신입생 소개
>
> · 재학생들은 참석여부를 학과 조교에게 꼭 알려 주십시오.
> · 신입생과 재학생이 함께 하는 레크리에이션을 진행합니다.

1. 모임을 준비하는 사람은 누구입니까?

① 신입생　　② 교수　　③ 조교　　④ 재학생

2. 글의 내용과 **다른 것**을 고르십시오.

① 신입생과 재학생, 교수님이 참석합니다.
② 신입생과 재학생을 소개하는 시간이 있습니다.
③ 올해 대학에 입학한 학생들을 위한 모임입니다.
④ 신입생과 교수님이 참가하는 레크리에이션이 있습니다.

새 단어: 들어오다　레크리에이션　및　새내기　신입생　알리다　여부　일시　임원　재학생　주최　진행하다　참가하다　학생회　환영하다

쓰기

모임에 관한 안내문을 써 보십시오.

모임 이름	
목적	
일시	
장소	
주최	
참석 대상	
일정	

02

저는 사물놀이 동아리에 가입할까 해요.

문법 (1)_

▲ -(으)ㄹ까 하다

동사	받침 O	-을까 하다	앉을까 하다
	받침 X	-ㄹ까 하다	갈까 하다

오늘 체육 대회가 있어서 운동화를 신을까 해요.

어머니 생신 선물로 가방을 살까 해요.

▲ 연습

다음 대화를 완성하십시오.

1. 가 : 이번 겨울 방학에는 무엇을 할 거예요?
   나 : 이번 겨울 방학에는 스키를 배울까 해요.

2. 가 : 누나 생일에 무엇을 선물하려고 해요?
   나 : ______________________________.

3. 가 : 주말에 뭘 할 거예요?
   나 : ______________________________.

4. 가 : 일본까지 비행기로 가지요?
   나 : 아니요. ______________________________.

5. 가 : 저는 오늘 비빔밥을 먹으려고 하는데 민수 씨는요?
   나 : ______________________________.

문법 (2)

▲ -(으)ㄹ 뿐만 아니라

동사 / 형용사	받침 O	-을 뿐만 아니라	먹을 뿐만 아니라
	받침 X	-ㄹ 뿐만 아니라	클 뿐만 아니라

이 책은 재미있을 뿐만 아니라 유익하다.

친구를 만나야 할 뿐만 아니라 숙제도 해야 해서 바쁘다.

▲ 연습

다음 그림을 보고 문장을 만드십시오.

1. 

이 옷은 <u>예쁠 뿐만 아니라</u> 값도 싸다.

2. 
시내에는 ______________________ 사람도 많다.

3. 
이 여자 가수는 ______________________.

4. 
한국의 여름은 ______________________.

5. 
______________________.

문법 (3)_

▲ 을/를 통해(서)

명사	받침 O	을 통해(서)	책을 통해(서)
	받침 X	를 통해(서)	편지를 통해(서)

홈쇼핑을 통해서 물건을 구입했다.

동아리를 통해 대학 문화를 알 수 있다.

▲ 연습

다음 그림을 보고 문장을 만드십시오.

1. 

인터넷을 통해서 여행 정보를 얻었어요.

2. 

____________________ 오늘 날씨를 알 수 있어요.

3. 

____________________ 결혼 소식을 들었어요.

4. 

문화 체험에 관한 정보를 __________ 알게 되었어요.

5. 

합격자 발표는 ______________________________.

어휘

▲ 동아리

문화 동아리

풍물 동아리

연극반

노래 동아리

학술 동아리

천문회

문학 동아리

영어회화반

운동 동아리

태권도부

야구부

산악부

▲ 연습

모집하다	가입하다	홍보하다	신입회원	동아리 방

새 학기가 시작되었다. 친구와 같이 도서관에 가고 있는데 학생회관 앞에 사람들이 많이 모여 있었다. 무슨 일인지 궁금해서 가 보니 여러 동아리에서 신입회원을 ________(으)려고 자신들의 동아리를 ________고 있었다. 지나가는 신입생에게 자신들의 동아리에 ________(으)라고 말하면서 ________이/가 어디에 있는지 알려주고 있었다. 나도 동아리에 가입해서 재미있는 대학 생활을 보내야겠다.

본문

즈엔 : 아노트 씨, 무슨 동아리에 가입할 거예요?

아노트 : 저는 벌써 농구 동아리에 가입했어요.

즈엔 : 농구를 좋아하세요?

아노트 : 네. 농구를 하면 건강에 좋을 뿐만 아니라 스트레스도 풀려요. 즈엔 씨는요?

즈엔 : 저는 사물놀이 동아리에 가입할까 해요.

아노트 : 그거 좋은 생각이에요. 동아리 활동을 통해서 한국 전통문화도 배울 수 있을 거예요.

즈엔 : 참, 오늘 사물놀이 공연이 있다고 들었는데 같이 보러 갈래요?

아노트 : 네. 저도 보고 싶어요. 재미있겠는데요.

새 단어 스트레스 사물놀이 풀리다

말하기_

여러분이 가입하고 싶은 동아리는 어떤 동아리입니까? 보기와 같이 대화를 해 봅시다.

동아리 이름	성격 및 활동 소개
바람처럼	· 여행 동아리입니다. · 여행에 관심 있는 사람들이 모여 정보를 교환합니다. · 방학 때마다 함께 여행을 떠납니다.
어깨동무	· 어려운 이웃에게 마음을 나누는 봉사 동아리입니다. · 봉사 활동을 통해 건전한 대학 생활을 합니다. · 매주 토요일 보육원과 장애 시설에 가서 봉사합니다.
태권브이	· 태권도를 배우는 동아리입니다. · 운동을 통해서 몸을 건강하게 합니다. · 각종 행사에서 태권도 시범을 보입니다.
꽃나무 사랑	· 꽃과 나무에 대해 함께 공부합니다. · 자연을 보호하고 자연보호의 필요성을 알립니다. · 직접 꽃나무를 심어 길러 봅니다.

보기

가 : 토미, 너는 어떤 동아리에 가입하고 싶어?
나 : 난 태권도 동아리에 가입할까 해.
가 : 그래? 그런데 왜 그 동아리에 가입하려고 해?
나 : 태권도는 몸을 건강하게 할 뿐만 아니라 한국에 있는 지금이 태권도를 배울 수 있는 가장 좋은 기회니까.
가 : 나는 여행반에 들까 해. 여행 동아리에 가입하면 여행 정보도 많이 얻을 수 있을 뿐만 아니라 많은 친구를 사귈 수 있을 것 같아.

가 : ____________________
나 : ____________________
가 : ____________________
나 : ____________________
가 : ____________________
나 : ____________________
가 : ____________________
나 : ____________________

새 단어 각종 건전하다 기르다 꽃나무 매주 보육원 보호하다 봉사 시범 시설 심다 어깨동무 자연 자연보호 장애 필요성

듣기

다음을 듣고 물음에 답하십시오.

1. 내용을 듣고 맞으면 O, 틀리면 X 표를 하십시오.

1) 다음 주에 연극반의 연극 공연이 있다. ( )

2) 남자는 여자에게 포스터 사진을 찍어 달라고 부탁한다. ( )

3) 여자가 찍은 사진을 연극반 홍보에 쓰려고 한다. ( )

4) 연극반과 사진반을 소개하는 전시회가 열릴 것이다. ( )

2. 두 사람은 어떤 일로 만나고 있습니까?

① 남자가 여자에게 연극반에 가입하라고 권하고 있다.

② 여자가 연극을 하고 싶어서 남자에게 상담하고 있다.

③ 남자가 여자에게 도와 줄 것을 부탁하고 있다.

④ 여자가 남자를 사진의 모델로 쓰려고 한다.

새 단어: 권하다 모델 상담하다 자료 장면 전시하다 포스터

읽기

다음을 읽고 물음에 답하십시오.

> 지난번에 홈페이지를 통해서 알려드린 제13회 그림 동아리 '스케치북'의 가을 야유회의 시간과 장소가 결정되었습니다. 시간은 10월 20일부터 22일까지 2박 3일 동안이며 장소는 속리산입니다. 산에 올라갈 수 있는 간편한 차림을 하시고 그림 도구를 잘 챙겨 오시기 바랍니다.
>
> 이번 야유회 기간은 단풍이 가장 아름다운 시기입니다. 등산을 하면서 아름다운 경치를 감상할 수 있을 뿐만 아니라 멋진 그림도 그릴 수 있을 것입니다. 야유회에 참가하시는 분들은 야유회 기간 동안 그린 그림을 제출하셔야 합니다.
>
> 특히 이번 야유회에는 동아리 회원이 아닌 학생도 참가할 수 있습니다. 그림에 관심이 많은 본교 재학생들은 10월 1일까지 신청해 주십시오. 선착순 10명만 '스케치북'과 함께 떠날 수 있습니다.

1. 무엇에 대한 글입니까?

① 야유회 참가 조건　　② 야유회 안내

③ 동아리 회원 모집　　④ 동아리 신청 기간

2. 글의 내용과 **다른 것**을 고르십시오.

① 야유회를 속리산으로 가려고 한다.

② 야유회에서 그린 그림을 제출해야 한다.

③ 야유회는 동아리 회원 10명만 갈 수 있다.

④ 야유회는 10월 20일부터 22일까지 계속될 예정이다.

새 단어 간편하다 결정되다 도구 멋지다 본교 스케치북 야유회 차림

쓰기

친구와 함께 동아리 홍보 포스터를 만들어 보십시오.

동아리 이름	
동아리 가입 방법	
동아리 가입 기간	
동아리 가입 조건	
동아리 소개 및 활동	

03 행사 내용도 작년에 비해서 다양해졌어요.

문법 (1)_

▲ -(으)려면

동사 / 형용사	받침 O	-으려면	읽으려면
	받침 X	-려면	예쁘려면

인기가 많으려면 성격이 좋아야 한다.

물건을 싸게 사려면 시장에 가세요.

▲ 연습

다음 표를 완성하고 쓰십시오.

희망	조건
한국어를 잘 하고 싶다.	한국 뉴스를 많이 듣는다.
주말에 즐겁게 놀고 싶다.	지금 일을 끝낸다.
돈을 많이 벌고 싶다.	
대학에 입학하고 싶다.	

1. 한국어를 잘 하려면 한국 뉴스를 많이 들어야 해요.

2. ________________________________.

3. ________________________________.

4. ________________________________.

5. ________________________________.

문법 (2)_

▲ 중이다

명사	받침 O	중이다	외출 중이다
	받침 X		식사 중이다

지금은 수업 중이니까 나중에 이야기하세요.

창문 좀 열어 주세요. 지금 청소 중이에요.

▲ 연습

다음 그림을 보고 쓰십시오.

1. 

<u>공부 중이니까</u> 조용히 하세요.

2. 

철수 씨는 지금 ______________________.

3. 

메이린 씨는 지금 ______________________.

4. 

________________ 백화점에 사람이 많아요.

문법 (3)_

▲ 에 비해(서)

명사	받침 O	에 비해(서)	값에 비해(서)
	받침 X		도시에 비해(서)

시장은 백화점에 비해서 물건 값이 싸요.

청주에 비해 제주도가 더 따뜻해요.

▲ 연습

다음 그림을 보고 문장을 만드십시오.

1. 

한국대학교는 대한대학교에 비해서 외국 학생이 많아요.

2. 

도시가 ________________________________.

3. 

________________________________ 젊어 보입니다.

4. 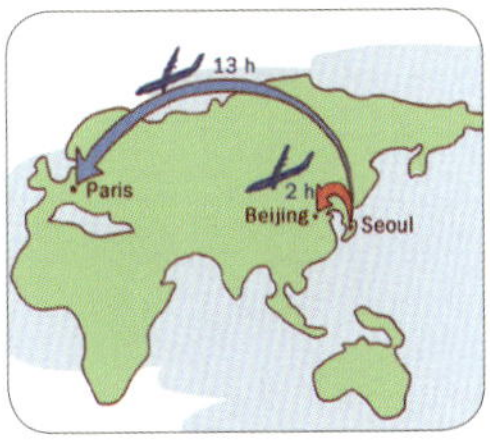

____.

어휘

▲ 대학 축제

▲ 연습

다음을 연결하십시오.

가요제 •		• 축제 동안 이곳에서 술을 마실 수 있습니다.
전시회 •		• 유명 가수들의 노래를 들을 수 있습니다.
일일 주막 •		• 동아리에서 만든 작품을 볼 수 있습니다.
초청 공연 •		• 내 노래 실력을 자랑할 수 있습니다.

본문

수렌 : 요즘 학교에 무슨 일이 있어요?

동지에 : 지금 우리 대학이 축제 중이에요.

수렌 : 그래요? 축제는 언제까지예요?

동지에 : 축제 기간은 이번 주까지예요. 행사가 작년에 비해서 다양해졌어요.

수렌 : 이번 대학 축제에는 어떤 행사들이 있어요?

동지에 : 가요제, 공연, 전시회 등이 있어요.

수렌 : 저는 가요제에 참가하고 싶어요. 참가하려면 어떻게 해야 해요?

동지에 : 학생회 사무실에 가서 신청하면 돼요.

말하기_

다음 내용을 보고 친구와 말해 봅시다.

봉사 활동	신청 방법
의료 봉사	봉사 동아리 / 복지 단체
해외 봉사	
고아원 / 양로원 봉사	
농촌 일손 돕기	

보기

가 : 즈엔 씨는 이번 방학에 무엇을 할 계획이에요?
나 : 저는 의료 봉사에 참가할 예정이에요.
병원에 가기 어려운 분들을 찾아 가서 도와드리려고요.
가 : 정말 좋은 일이네요. 그런 봉사 활동에 참가하려면 어떻게 해야 해요?
나 : 봉사 활동에 참가하려면 봉사 동아리나 복지 단체에 신청을 해야 해요.
요즘 봉사 활동도 예전에 비해 다양해져서 할 수 있는 일이 많을 거예요.

가 : ____________________
나 : ____________________
가 : ____________________
나 : ____________________
가 : ____________________
나 : ____________________
가 : ____________________
나 : ____________________

새 단어 고아원 농촌 단체 복지 양로원 예정 의료 일손

듣기

다음을 잘 듣고 물음에 답하십시오.

1. 두 사람은 무엇에 대해서 이야기하고 있습니까?

① 신입생 환영회 ② 오리엔테이션

③ 엠티(M.T) ④ 학과 회의

2. 들은 내용과 같은 것을 고르십시오.

① 모꼬지는 주말에 가는 여행이다.

② 지난번에 비해서 학과 신입생의 수가 적다.

③ 아노트와 장뢰이는 이틀 동안 엠티(M.T)를 가려고 한다.

④ 신입생과 재학생이 친해지려면 선배에게 말하면 된다.

새 단어 게시판 대표 모꼬지 이틀 학회장 환영회 M.T

읽기

다음을 읽고 물음에 답하십시오.

	2000년	2005년	2010년
축제에 참가하고 싶다	73%	62%	54%
축제에 관심 없다	27%	38%	46%

대학생들이 축제에 관심 없는 이유(%)

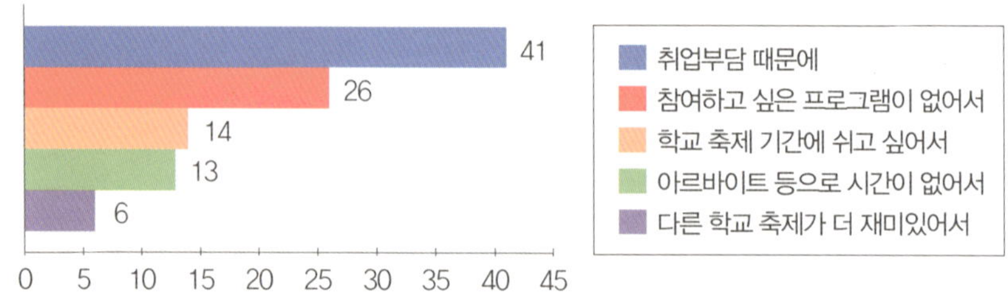

대학 축제를 대동제라고도 부른다. '대동제'의 의미는 '다 함께 크게 어울려 화합한다'는 뜻으로 모두가 참여하고 즐기는 행사이다. 하지만 요즘은 예전에 비해서 축제에 관심이 없는 학생들이 점점 많아지고 있다고 한다. 그 이유로는 '취업 부담 때문에 마음의 여유가 없어서'가 가장 많았고 '참여하고 싶은 프로그램이 없어서'와 '학교 축제 중에는 쉬고 싶어서'가 그 뒤를 이었다. 그 밖에 '아르바이트로 시간이 없어서'와 '다른 학교 축제가 더 재미있어서' 등이 있었다. 이처럼 요즘 대학 축제는 함께 모여서 즐기는 축제가 아닌 몇몇 학생들만의 축제로 바뀌고 있다. 모두가 함께 하는 대학 축제를 만들려면 학생들의 요구에 맞는 프로그램을 만들어야 할 것이다.

1. 위 글의 내용과 **다른 것**을 고르십시오.
   ① 대학 축제를 보통 대동제라고 부른다.
   ② 요즘도 많은 학생들이 축제에 참여하고 있다.
   ③ 학생들이 원하는 축제 프로그램이 있어야 한다.
   ④ 예전에 비해서 축제를 즐기는 학생이 적어졌다.

2. 대학생들이 축제에 관심이 없는 이유로 맞지 **않는 것**은 무엇입니까?
   ① 축제 중에는 수업이 없어서
   ② 관심이 있는 프로그램이 없어서
   ③ 취직을 준비하는 학생들이 많아서
   ④ 아르바이트 때문에 시간이 없어서

새 단어 대동제 몇몇 부담 여유 요구 취업 프로그램 화합하다

쓰기

보기와 같이 기사문을 쓰십시오.

보기

〈 대학생이 되면 꼭 참여하고 싶은 축제 프로그램과 그 이유 〉

조사 대상 : 예비 대학생 200명

참여하고 싶은 프로그램 (%)			
내용	전체	남	여
연예인 초청 공연	38	36	40
먹을거리 · 주점	34.5	34	35
동아리 행사	13	11	15
길거리 게임 행사	8	10	6
운동 경기	3.5	6	1
학과 행사	3	3	3

그 이유 (%)	
내용	전체
재미있을 것 같아서	45
평소에 경험하지 못한 것이라서	33
친구나 애인과 함께 참여할 수 있어서	12

최근 예비 대학생 200명을 대상으로 실시한 설문 조사 결과, 대학생이 되면 가장 참가하고 싶은 축제 프로그램은 연예인 초청 공연인 것으로 나타났다. 전체 학생 중 38%가 이를 선택했는데 남학생(36%)에 비해서 여학생(40%)이 좀 더 많았다. 그 다음으로는 먹을거리 · 주점 행사, 동아리 행사 등이 뒤를 이었다. 그 밖에도 길거리 게임 행사, 운동경기, 학과 행사 등이 있었다.

그 이유를 묻는 질문에는 '재미있을 것 같아서' 가 46%로 가장 많았으며, '평소 경험하지 못한 것이라서' 라는 대답과 '친구나 애인과 함께 참여할 수 있어서' 라는 대답이 뒤를 이었다.

시대가 변하면 생각도 변하는 것이 당연한 일이지만 대학생들의 '화합의 기회'인 '대학 축제'의 의미가 '연예인을 가까이에서 볼 수 있는 기회' 정도로 변해간다는 것은 다시 한번 생각해 볼 문제다.

〈 대학생들이 생각하는 축제의 가장 큰 문제점과 그 이유 〉

조사 대상 : 대학생 200명

축제의 가장 큰 문제점 (%)			
내용	전체	남	여
연예인 공연의 막대한 비용 지출	29	30	28
학교 내 음주	24.5	22	27
매년 똑같은 프로그램	22.5	20	25
낮은 참여율	14.5	17	12
돈 걸기나 내기 게임	6	6	6
기업의 상업적 이벤트	3.5	5	2

그 이유 (%)	
내용	전체
축제는 학생들 스스로 만들어야 한다.	45
대학 문화와 어울리지 않는다.	37
너무 상업적이다.	18

__________________을/를 대상으로 실시한 설문 조사 결과

__________________은/는 __________________

______인 것으로 나타났다. __________________

____

그 다음으로는 ____________________________

____

그 밖에도 ______________________________

____

그 이유로는 _____________________________

____

____

____

새 단어 벌다 내기 막대하다 문제점 상업적 설문 경기 연예인 애인 예비 음주 이벤트 참여율 참여하다

04 내일까지 내야 하거든요.

문법 (1)_

▲ -거든요

동사 / 형용사	받침 O	-거든요	먹거든요
	받침 X		예쁘거든요

밤에는 나갈 수 없어요. 무섭거든요.

청소를 해야 해요. 집들이를 하거든요.

▲ 연습

다음 대화를 완성하십시오.

1. 가 : 왜 이렇게 백화점에 사람이 많아요?

   나 : 오늘부터 세일을 하거든요.

2. 가 : 신발을 신어 보고 왜 안 사요?

   나 : 이번 달 용돈을 다 ______________________________.

3. 가 : 그 가수가 왜 좋아요?

   나 : 얼굴도 잘 생겼고 ______________________________.

4. 가 : 짧은 치마를 사는 건 어때요? 요즘 ______________________________.

   나 : 그래요? 그런데 저한테 어울릴까요?

5. 가 : 소영 씨, 저랑 이 영화 보러 가실래요?

   나 : 네. 좋아요. 저도 그 영화가 ______________________________.

문법 (2)_

▲ -자마자

<table>
<tr><td rowspan="2">동사</td><td>받침 O</td><td rowspan="2">-자마자</td><td>먹자마자</td></tr>
<tr><td>받침 X</td><td>가자마자</td></tr>
</table>

너무 피곤해서 침대에 눕자마자 잠이 들었다.
책을 사자마자 잃어버려서 속상해요.

▲ 연습

다음 그림을 보고 문장을 만드십시오.

1.  엄마가 방을 나가자마자 아기가 울기 시작했어요.

2.  ______________________________.

3.  ______________________________.

4.  ______________________________.

5.  ______________________________.

문법 (3)_

▲ -아/어/여 가지고

동사	ㅏ, ㅗ	-아 가지고	받아 가지고
	ㅓ, ㅜ, ㅡ, ㅣ,…	-어 가지고	만들어 가지고
	하다	-여 가지고	복습해 가지고

한국에서는 집들이 때 보통 세제를 사 가지고 가요.

내일까지 사진을 찍어 가지고 오세요.

요리를 해 가지고 친구들과 같이 먹었어요.

▲ 연습

다음 그림을 보고 문장을 만드십시오.

1. 

꽃을 사 가지고 어머니께 드렸어요.

2. 
______________________________.

3. 
______________________________.

4. 
______________________________.

5. 
______________________________.

어휘

▲ 수업 관련

과제	리포트	학점	기한	발표하다	내다	제출하다
학사 경고	재수강	계절 학기	졸업 시험	논문		
통과하다	학위를 받다	학사	석사	박사		
주제	목차	서론	본론	결론	참고 문헌	

▲ 연습

다음 밑줄 친 곳에 들어갈 알맞은 말을 쓰십시오.

1. 대학 입학에 필요한 서류는 다음 주까지 ____________ 됩니다.
2. 책의 전체 내용을 알려면 책의 ____________ 보면 됩니다.
3. 사랑을 ____________ 하는 노래들이 다양한 제목으로 만들어지고 있다.
4. 시험을 잘 봐서 ________________ 좋아야 장학금을 받을 수 있다.
5. 졸업 시험에 ____________________ 졸업하게 되었어요.

본문

아노트 : 진신 씨, 뭐 해요?

진신 : 경영학 리포트를 써요. 내일까지 내야 하거든요.

아노트 : 그러면 한국 문화 리포트는 제출했어요?

진신 : 아니요. 그건 제출 날짜가 금요일까지 아니에요?

아노트 : 어제까지였는데요.
지난 시간에 수업이 끝나고 교수님께서 다시 말씀하셨는데 못 들었어요?

진신 : 약속이 있어서 수업이 끝나자마자 나갔거든요.
어떻게 하지요? 아직 다 못 썼는데……

아노트 : 그럼 빨리 써 가지고 교수님께 가 보세요.

말하기

다음 표를 완성하고 대화해 봅시다.

이름	이유
진신	제출 날짜를 잘못 알았다.
마키노	리포트를 잃어버렸다.
앙드레	아팠다.

보기

진신 : 안녕하세요? 교수님.
교수님 : 아, 진신 씨. 무슨 일이에요?
진신 : 제가 한국 문화 리포트를 제출하지 못했어요.
리포트 제출 날짜를 잘못 알았거든요. 죄송합니다.
교수님 : 그런데 리포트는 가지고 왔어요?
진신 : 네. 수업이 끝나자마자 가지고 왔습니다.
교수님 : 어디 봅시다. 이 참고 도서는 어디서 찾았어요?
진신 : 도서관에서 찾아 가지고 읽었습니다.
교수님 : 그렇군요. 수고했어요.
진신 : 네. 안녕히 계세요.

가 : ________________

나 : ________________

가 : ________________

나 : ________________

가 : ________________

나 : ________________

가 : ________________

나 : ________________

새 단어 도서

듣기

다음을 잘 듣고 물음에 답하십시오.

1. 두 사람은 무엇에 대해 이야기하고 있습니까?

① 여행 계획　　② 계절 학기　　③ 시험 기간　　④ 학사 경고

2. 들은 내용과 맞으면 O, 틀리면 X표를 하십시오.

1) 지금은 방학입니다. (　　)

2) 남자는 지난 방학에 여행을 했습니다. (　　)

3) 남자는 방학 동안 많이 아팠습니다. (　　)

4) 남자는 방학 때 수업을 들어야 합니다. (　　)

5) 남자는 방학 때마다 계절 학기를 듣습니다. (　　)

읽기

다음을 읽고 물음에 답하십시오.

한국에서는 일반적으로 대학교에 입학하려면 '대학 수학 능력 시험'을 봐야 하는데 이것을 줄여서 '수능'이라고 한다. 이 시험은 1년에 한 번 있으며 매년 11월 둘째 주 목요일에 본다. 수능 시험은 5교시로 나누어 1교시에 언어, 2교시에 수리, 3교시에 영어를 보고 4교시에는 사회탐구, 과학탐구, 직업탐구 중 자신의 적성에 맞는 것을 미리 선택해서 본다. 그리고 제2외국어나 한문 중 하나를 선택해서 본다. 이 수능 시험의 성적을 받아 가지고 원하는 대학과 학과에 지원하기 때문에 이 시험이 매우 중요하다.

그리고 학업 성적이 뛰어나거나 특별한 능력이 있는 학생들을 수능 시험과 상관없이 미리 선발하는 수시 모집 전형 제도가 있다. 또 최근에는 각 대학이 특성에 맞는 학생을 선발하기 위해 수능 성적이 아닌 면접이나 논술 등 각 대학에서 정한 기준에 따라 신입생을 선발하는 제도도 있다.

1. 위 글의 제목을 고르십시오.

① 수능 시험 과목　② 수능 시험 성적

③ 한국의 입시 제도　④ 한국의 대학 제도

2. 위 내용과 같은 것을 고르십시오.

① 4교시에는 3과목의 시험을 본다.

② 원하는 학과를 선택한 후 시험을 본다.

③ 수능 시험은 매년 정해진 날에 본다.

④ 대학에 가려면 반드시 수능을 봐야 한다.

3. 여러분 나라의 입시 제도에 대해 말해 봅시다.

새 단어

과학　기준　논술　상관없다　선발하다　수능　수리
수시　수학　일반적　입시　전형　제도　탐구　한문

쓰기

한국과 여러분의 나라를 비교하는 내용으로 리포트를 써 보십시오.

1. 주제와 제목을 정하고 목차를 만들어 보십시오.

보기

주제	입시 제도
제목	한국의 입시 제도와 우리나라의 입시 제도
목차	처음 1. 한국 입시 제도의 명칭, 시기 2. 우리나라의 입시 제도의 명칭, 시기 중간 1. 한국 입시 제도의 절차와 특징 2. 우리나라 입시 제도의 절차와 특징 3. 한국 입시 제도와 우리나라 입시 제도의 공통점과 차이점 끝 한국과 우리나라의 입시 제도의 비교 정리 및 요약

주제	
제목	
목차	

2. 위의 내용으로 리포트를 써 보십시오.

처음	
중간	
끝	

새 단어 공통점 명칭 절차 차이점

05 한국의 입시 문화

한국에는 대학 수학 시험과 관련된 특별한 입시 문화가 있습니다.

먼저, 시험 보는 날에는 미역국을 먹지 않습니다. 미역국과 같은 미끄러운 음식을 먹으면 시험에서 미끄러져 떨어진다고 생각하기 때문입니다.

또 시험에 합격하라는 의미로 특별한 선물을 합니다. 예전부터 시험에 잘 붙으라는 의미로 엿이나 찹쌀떡을 선물해 왔습니다. 그런데 요즘은 휴지, 포크, 도끼, 거울 등 선물이 다양해졌습니다. 거울은 시험을 잘 보라는 의미이고 휴지는 문제를 잘 풀라는 의미, 그리고 포크와 도끼는 문제의 답을 잘 찍으라는 의미입니다.

새 단어: 답 도끼 미끄럽다 붙다 찍다 합격하다

| 쉽게 말하는 한국어 3 |

4과 실수와 후회

01. 가스 불을 켜 놓은 채로 나왔거든요.

02. 청주에 가는 버스인 줄 알았어요.

03. 설탕을 넣는다는 것이 소금을 또 넣었구나.

04. 선생님의 말씀을 들을걸 그랬어요.

05. 말 한마디에 천 냥 빚을 갚는다.

01 가스 불을 켜 놓은 채로 나왔거든요.

문법 (1)_

▲ -다 보니(까)

동사 / 형용사	받침 O	-다 보니(까)	살다 보니(까)
	받침 X		크다 보니(까)

날이 춥다 보니까 시장에 사람이 없네요.

커피를 한 잔 두 잔 마시다 보니 매일 마시게 됐어요.

▲ 연습

다음 대화를 완성하십시오.

1. 가 : 한국 생활이 불편하지 않아요?
   나 : 한국에 오래 살다 보니 이젠 불편하지 않아요.

2. 가 : 지난달에 소개 받은 사람 어때요?
   나 : 처음에는 싫었는데 ____________________ 좋아졌어요.

3. 가 : 정말 날씬해진 것 같아요. 다이어트 했어요?
   나 : 아니요. ____________________ 살이 빠졌어요.

4. 가 : 왜 그렇게 자꾸 물을 마셔요?
   나 : 날씨가 ____________________ 자꾸 찬물을 마시게 돼요.

5. 가 : 이번에 성적이 많이 올랐네요.
   나 : ____________________ 성적이 올랐어요.

문법 (2)_

▲ -아/어/여 놓다

동사	ㅏ, ㅗ	-아 놓다	닫아 놓다
	ㅓ, ㅜ, ㅡ, ㅣ,…	-어 놓다	열어 놓다
	하다	-여 놓다	준비해 놓다

문을 꼭 잠가 놓고 나가세요.

맛있는 음식을 만들어 놓고 친구를 기다려요.

고향에 가려면 비행기 표를 예매해 놓아야 해요.

▲ 연습

다음 문장을 완성하십시오.

	목적	준비
1	여행	호텔
2	입학 신청	서류
3	청혼	반지
4	생일 파티	케이크
5		

1. 제주도 여행을 가려고 호텔을 예약해 놓았어요.

2. ______________________________.

3. ______________________________.

4. ______________________________.

5. ______________________________.

문법 (3)_

▲ -(으)ㄴ 채로

동사	받침 O	-은 채로	앉은 채로
	받침 X	-ㄴ 채로	낀 채로

외출복을 입은 채로 잠이 들었어요.

부끄러워서 고개를 숙인 채로 대답했어요.

▲ 연습

다음 그림을 보고 문장을 만드십시오.

1.  신발을 신은 채로 방에 들어갑니다.

2. 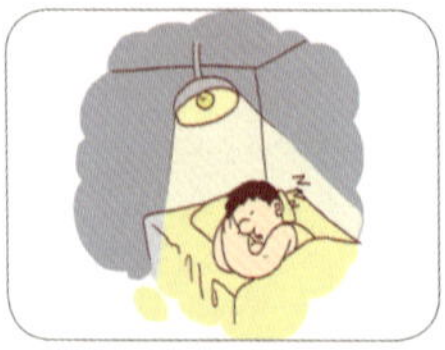 ______________________ 잠이 들었다.

3.  ______________________ 세수를 하면 안 돼요.

4.  ______________________ 영화를 보네요.

5.  ______________________.

어휘와 표현

▲ 실수 (1)

실수하다	긴장하다	서두르다	정신이 없다	깜빡하다
조심하다	확인하다	주의하다	집중하다	

▲ 연습

다음 밑줄 친 곳에 들어갈 알맞은 말을 쓰십시오.

1. ________________ 보니 엄마 생신도 잊어버렸네요.
2. 비디오 대여 기간이 오늘까지 인데 ______________ 반납을 안 했어요.
3. 면접 볼 때 너무 _________________ 실수했어요.
4. 학교 가기 전에 준비물을 꼭 _________________ 해요.
5. 운전할 때 _________ 마세요. 빨리 가려고 하다가 사고가 날 수 있어요.
6. 실수를 줄이려면 일할 때 다른 생각하지 말고 그 일에만 ____________.

본문

아노트 : 바이멍 씨, 수업을 듣다가 왜 갑자기 나갔어요?

바이멍 : 제가 아침에 깜빡 잊고 가스 불을 켜 놓은 채로 나왔거든요.
갑자기 그 생각이 나서 다시 집에 갔다 왔어요.

아노트 : 별일 없었어요?

바이멍 : 네. 다행히 주전자만 조금 탔어요.

아노트 : 지난번에는 약속 시간을 깜빡하더니 요즘 왜 그래요?

바이멍 : 바쁘다 보니 자꾸 실수를 하게 되네요.

아노트 : 사람들은 누구나 실수를 하지요.
그래서 저는 외출하기 전에 확인해야 할 것들을 써서 문 앞에 붙여 놓았어요.

바이멍 : 그거 좋은 생각이네요. 저도 그렇게 해 봐야겠어요.

새 단어 깜빡하다 다행히 별일 붙이다 잊다 주전자 타다

말하기_

디음 표를 완성하고 대화해 봅시다.

	실수	결과	조언
1	파일을 저장하지 않았다.	컴퓨터가 다운되어 파일이 삭제되었다.	미리 파일을 저장해 놓는 습관을 가지세요.
2	전원을 끄지 않고 다리미를 옷 위에 올려 놓았다.	옷이 탔다.	다리미를 사용한 뒤에는 전원을 확인하세요.
3			
4			

보기

가 : 컴퓨터로 숙제를 하고 파일을 저장하지 않은 채로 잤어요.
그런데 일어나 보니 컴퓨터가 다운되어서 파일이 삭제되었어요.
나 : 앞으로는 미리 파일을 저장해 놓는 습관을 가지세요.

가 : ______________________________

나 : ______________________________

가 : ______________________________

나 : ______________________________

가 : ______________________________

나 : ______________________________

가 : ______________________________

나 : ______________________________

새 단어 다운되다 삭제되다 전원 조언 습관

듣기

다음을 듣고 물음에 답하십시오.

1. 들은 내용과 같은 것을 고르십시오.
   ① 남자는 요즘 회사일로 바쁘다.
   ② 남자는 퇴근할 때 옷을 잘못 입었다.
   ③ 요즘 티셔츠를 뒤집어 입는 것이 유행이다.
   ④ 남자는 중요한 약속에 신발을 잘못 신고 나갔다.

2. 여자는 왜 신발을 샀습니까?
   ① 신발이 없어서
   ② 신발 가격이 싸서
   ③ 신발을 선물하려고
   ④ 신발을 잘못 신고 나와서

새 단어: 갈다 뒤집다 상표 퇴근하다 창피하다 쳐다보다

읽기

다음을 읽고 물음에 답하십시오.

저는 미국 사람입니다. 작년 9월에 한국어를 배우기 위해 한국에 왔습니다. 처음 한국에 왔을 때 저는 한국의 한 가정을 소개 받아 홈스테이를 하기로 했습니다. 설레는 마음으로 인천 공항에 도착했을 때 민수 씨가 저를 기다리고 있었습니다. 민수 씨는 제가 생활할 집의 맏아들이고 저와 나이가 같았습니다. 함께 집으로 가는 동안 우리는 영어로 대화했습니다. 가족들은 집에서 저녁 식사를 준비해 놓고 기다리고 있다고 했습니다. 한 시간쯤 지난 후 집에 도착했고, 가족들이 모두 현관 앞에 나와 저를 환영해 주었습니다. 그런데 인사를 하고 거실로 들어가는 저를 보고 가족들이 깜짝 놀랐습니다. 저는 그 이유를 몰라서 민수 씨를 봤습니다. 민수 씨가 그런 저를 보고 한국에서는 실내에 들어갈 때 신발을 벗고 들어가야 한다고 말해 주었습니다. 제가 미국에서처럼 신발을 신은 채로 들어간 것입니다. 한국 문화를 잘 모르다 보니 실수를 한 것입니다.

처음에는 신발을 자주 벗는 것이 조금 불편했지만 지금은 익숙해졌고, 실내에서 신발을 벗는 것이 더 좋은 것 같습니다.

1. 무엇에 대한 글입니까?

① 실수 ② 가족 ③ 친구 ④ 여행

2. 위의 내용과 같은 것을 고르십시오.

① 나는 한국의 인사법을 몰랐다.
② 공항으로 민수 씨가 마중을 나왔다.
③ 나는 지금도 실내에서 신발을 벗지 않는다.
④ 나는 한국 문화를 배우기 위해 한국에 왔다.

새 단어: 가정 마중 설레다 익숙해지다 홈스테이

쓰기

나라마다 다른 문화 차이 때문에 실수한 경험에 대해 써 봅시다.

언제	작년 9월	
어디서	한국 가정집	
내용	실내에서 신발을 신은 채로 들어갔다.	
이유	실내에서 신발을 벗어야 한다는 것을 몰랐다.	

청주에 가는 버스인 줄 알았어요.

문법 (1)

▲ -는/(으)ㄴ 줄 알았다 / 몰랐다

동사	받침 O	-는 줄 알았다 / 몰랐다	먹는 줄 알았다 / 몰랐다
	받침 X		가는 줄 알았다 / 몰랐다
형용사	받침 O	-은 줄 알았다 / 몰랐다	좋은 줄 알았다 / 몰랐다
	받침 X	-ㄴ 줄 알았다 / 몰랐다	바쁜 줄 알았다 / 몰랐다

미영 씨가 중국어를 배우는 줄 몰랐어요.

날씨가 좋은 줄 알았는데 흐리네요.

▲ 연습

다음 그림을 보고 문장을 만들어 봅시다.

1. 

떡볶이가 매운 줄 몰랐어요.

떡볶이가 안 매운 줄 알았어요.

2. 

가방이 ______________________ 몰랐어요.

가방이 ______________________ 알았어요.

3. 

______________ 모르고 ________________.

______________ 알고 ________________.

4. 

______________________________________.

______________________________________.

5. 

______________________________________.

______________________________________.

문법 (2)_

▲ -고 보니(까)

동사	받침 O	-고 보니(까)	먹고 보니(까)
	받침 X		쓰고 보니(까)

설명을 듣고 보니까 그 사람의 말이 맞는 것 같아요.
물인 줄 알았는데 마시고 보니 술이었어요.

▲ 연습

다음 문장을 완성하십시오.

1. 친구에게 전화를 걸었는데 <u>걸고 보니까 교수님이었어요</u>.
2. 케첩인줄 알고 볶음밥에 뿌렸는데 뿌리고 보니 ________________.
3. 이 옷이 어울릴 줄 알고 입었는데 ________________.
4. 커피에 설탕을 넣은 줄 알았는데 ________________.
5. 내 친구인 줄 알았는데 ________________.

문법 (3)_

▲ -(으)ㄹ까 봐(서)

동사 / 형용사	받침 O	-을까 봐(서)	먹을까 봐(서)
	받침 X	-ㄹ까 봐(서)	바쁠까 봐(서)

밖이 너무 추울까 봐 하루 종일 집 안에만 있었어요.

학교에 갈 시간인데 아직도 잘까 봐서 전화했어.

▲ 연습

다음 대화를 완성하십시오.

1. 가 : 요즘 운동을 열심히 하네요.

   나 : <u>뚱뚱해질까 봐</u> 운동을 해요.

2. 가 : 무슨 걱정이 있어요?

   나 : 시험에 ______________________ 걱정이에요.

3. 가 : 비도 안 오는데 왜 우산을 가지고 왔어요?

   나 : ______________________ 우산을 가지고 왔어요.

4. 가 : 여기까지 택시를 타고 왔어요?

   나 : ______________________ 버스를 타고 왔어요.

5. 가 : 도서관에 언제 왔어요?

   나 : 도서관에 자리가 ______________________.

어휘와 표현

▲ 실수 (2)

잘못 보다 잘못 듣다 잘못 알다
잊어버리다 착각하다 오해(를) 하다 / 오해(를) 받다 헷갈리다

▲ 연습

다음 밑줄 친 곳에 들어갈 알맞은 말을 쓰십시오.

1. 친구에게 내 공책을 빌려 준다고 했는데, 일기장을 공책으로 ___________ 빌려 줬다.
2. 쓰기 숙제를 해 오라는 선생님 말씀을 ___________ 안 해 왔다.
3. 한국어를 처음 공부할 때 나는 '생선'과 '선생'이 ___________ 자주 실수를 했다. '선생님'이라고 써야 하는데 '생선님'이라고 쓴 적도 있다.
4. 제인 씨가 나한테 말을 안 해서 화가 난 줄 알았는데 알고 보니 ___________.
5. 선생님이 지연이를 불렀는데 ___________ 지영이가 사무실에 갔다.

본문

성민 : 장뢰이 씨는 한국 사람처럼 발음이 좋은 것 같아요.

장뢰이 : 아니에요. 지난번에 실수를 해서 얼마나 당황했는데요.

성민 : 왜요? 무슨 일이 있었어요?

장뢰이 : 저는 제가 탄 버스가 청주에 가는 버스인 줄 알았어요.
그런데 도착하고 보니 충주였어요.
제 한국어 발음이 정확하지 않아서 매표소 직원이 표를 잘못 준 것 같아요.

성민 : 장뢰이 씨 얘기를 듣고 보니 외국인들에게는 버스를 타는 것도 쉬운 일이 아닌 것 같군요.

장뢰이 : 그 후로는 또 버스를 잘못 탈까 봐 타기 전에 항상 확인하는 습관이 생겼어요.

성민 : 실수 때문에 좋은 습관이 생기셨네요.

새 단어 : 당황하다 매표소 정확하다

말하기_

한국어를 배우면서 실수를 한 경험을 말해 봅시다.

누구에게	실수나 오해의 내용	원인
선배에게	"멋있어요." → "맛있어요."	발음이 비슷해서 착각했다.

보기

가 : 마테오 씨는 한국어를 배우면서 실수를 한 적이 있어요?
나 : 네. 있어요.
가 : 어떤 실수였는데요?
나 : 얼마 전에 선배를 만났을 때 선배에게 맛있다고 했어요.
그랬더니 선배가 뭐가 맛있냐고 했어요. 그래서 저는 선배 옷이 맛있다고 했어요.
가 : 그래서 선배는 뭐라고 했어요?
나 : 선배가 웃으면서 그럴 때는 '맛있다'가 아니고 '멋있다'라고 하는 거라고 했어요.
가 : 듣고 보니 발음이 비슷하네요.

가 : ______________________

나 : ______________________

가 : ______________________

나 : ______________________

가 : ______________________

나 : ______________________

가 : ______________________

나 : ______________________

듣기

1. 다음을 듣고 맞으면 O, 틀리면 X 표를 하십시오.

1) 남자는 모임이 오늘인 줄 알았다. (　　　)

2) 여자는 오늘 모임에 갔다. (　　　)

3) 여자가 실수를 해서 남자는 화가 났다. (　　　)

2. 다음을 듣고 물음에 답하십시오.

1) 달라이 씨는 왜 약속 장소에 안 왔습니까?

① 늦게 출발해서

② 친구를 만나서

③ 전화를 못 받아서

④ 약속 장소를 잘못 들어서

3. 다음을 듣고 물음에 답하십시오.

1) 이 사람은 지금 어디에 있습니까?

____

2) 손님은 처음에 얼마를 냈습니까?

____

새 단어 　사거리　아무도

읽기

다음을 읽고 물음에 답하십시오.

저는 처음 한국어를 배울 때 높임말과 반말 때문에 아주 어려웠습니다. 그래서 실수를 자주 한 것 같습니다.

한국에 온 지 얼마 안 됐을 때였습니다. 버스를 타고 시내에 가고 있었는데 할아버지 한 분이 버스를 타셨습니다. 저는 자리를 양보하려고 할아버지를 불렀습니다.

"할아버지, 이리로 와. 여기 앉아."

외국인이 자리를 양보하는 모습이 신기해 보였는지 사람들이 저를 쳐다봤습니다. 할아버지는 고맙다고 하며 자리에 앉으시더니 저에게 어느 나라 사람인지 몇 살인지 등을 물으셨습니다. 저는 "미국 사람이야.", "23살이야."라고 대답하며 할아버지와 이야기했습니다. 그런데 할아버지는 저와 이야기를 하시며 계속 웃으셨습니다.

버스에서 내려서 친구를 만났습니다. 그리고 친구에게 버스에서 자리를 양보한 일을 말했더니 친구도 웃었습니다. 그리고 친구가 한국에서는 웃어른이나 처음 만난 사람에게 높임말을 써야 한다고 했습니다.

며칠 후, 그 친구의 집에 놀러 갔는데 친구의 아들이 저에게 인사를 했습니다. 저는 아이의 나이와 이름을 물었습니다.

"연세가 어떻게 되세요?", "성함이 무엇입니까?"

제가 이렇게 질문하니까 친구의 아들은 저를 이상하게 쳐다보았고 친구는 크게 웃으며 아이에게는 높임말을 하지 않아도 된다고 했습니다. 저는 처음 만나는 사람에게는 모두 높임말을 써야 하는 줄 알았습니다.

그때는 한국어의 높임말이 복잡해서 힘들었지만 지금은 많이 익숙해졌습니다. 그리고 이런 높임말이 있어서 한국어가 더 재미있는 것 같습니다.

1. 위 글의 제목을 쓰십시오.

____

2. 이 글의 내용과 같은 것을 고르십시오.

① 나는 지금도 한국어 높임말이 어렵다.

② 버스에서 할아버지께 말실수를 했다.

③ 한국에서 자리를 양보할 때는 높임말을 써야 한다.

④ 한국에서는 처음 만난 아이에게도 높임말을 써야 한다.

새 단어 그때 말실수 양보하다 웃어른 이리

쓰기

한국에 와서 높임말 때문에 실수한 경험에 대해 써 봅시다.

언제	처음 한국에 왔을 때	
어디서	버스 안 / 친구의 집	
실수의 대상	할아버지 / 친구 아들	
실수의 내용	"할아버지, 이리로 와. 여기 앉아." "미국 사람이야.", "23살이야." "연세가 어떻게 되세요?" "성함이 무엇입니까?"	

03 설탕을 넣는다는 것이 소금을 또 넣었구나.

문법 (1)_

▲ 에다가

명사	받침 O	에다가	칠판에다가
	받침 X		커피에다가

라면에다가 달걀을 넣고 끓이면 정말 맛있어요.

세탁기에다가 세제를 넣고 돌리세요.

▲ 연습

다음 그림을 보고 문장을 만드십시오.

1. 

비빔밥에다가 고추장을 넣어 비벼요.

2. 

________________ 생일을 표시해 두었어요.

3. 

________________ 소포를 올려 주세요.

4. 

오늘 날씨가 추우니까 ________________ 입으세요.

5. 

전화번호를 알고 싶으면 ________________.

문법 (2)_

▲ -는/ㄴ다는 것이

동사	받침 O	-는다는 것이	읽는다는 것이
	받침 X	-ㄴ다는 것이	간다는 것이

커피에 설탕을 넣는다는 것이 소금을 넣었어요.

중국어 사전을 산다는 것이 일본어 사전을 샀어요.

▲ 연습

다음 표를 완성하고 문장을 만드십시오.

	계획 / 의도	계획 / 의도와 다른 결과
1	231번 버스를 타야 했어요.	321번 버스를 탔어요.
2	오천 원짜리를 주려고 했어요.	오만 원짜리를 주었어요.
3	여자 친구의 손을 잡고 싶었어요.	다른 사람의 손을 잡았어요.
4	미영이 집에 전화하려고 했어요.	

1. 321번을 탄다는 것이 231번을 탔어요.

2. ______________________________.

3. ______________________________.

4. ______________________________.

5. ______________________________.

문법 (3)_

▲ -아/어/여야지요

동사 / 형용사	ㅏ, ㅗ	-아야지요	가야지요
	ㅓ, ㅜ, ㅡ, ㅣ,…	-어야지요	예뻐야지요
	하다	-여야지요	운동해야지요

우리 반 학생들이 먹으려면 음식이 많아야지.
건강을 위해서 몸에 좋은 음식을 먹어야지요.
이번 주말에는 놀지 말고 꼭 빨래를 해야지.

▲ 연습

다음 대화를 완성하십시오.

1. 가 : 선생님, 늦어서 죄송합니다.
   나 : 수업 시간 전에는 와야지.

2. 가 : 저 가수는 얼굴이 예쁘네요.
   나 : 얼굴은 중요하지 않아요. 노래를 ______________________.

3. 가 : 계속 병원에 다녀도 감기가 낫지 않아요.
   나 : ______________________________________.

4. 가 : 방학이 되면 가장 먼저 뭘 할 거예요?
   나 : ______________________________________.

5. 가 : 어떻게 하면 장학금을 받을 수 있어요?
   나 : ______________________________________.

어휘

▲ 실수 (3)

깨지다	빠지다	떨어지다	넘어지다	다치다
깨뜨리다	빠뜨리다	떨어뜨리다	쏟다	밟다

▲ 연습

다음을 알맞게 연결하십시오.

컵이 유리창이 꽃병이 •	• 쏟다
발을 안경을 잔디를 •	• 깨지다
준비물을 지갑을 돈을 •	• 빠뜨리다
휴대전화를 전자사전을 •	• 밟다
우유를 기름을 밀가루를 •	• 떨어지다
나뭇잎이 성적이 •	• 떨어뜨리다
계단에서 아이가 •	• 넘어지다

본문

즈엔 : 이거 좀 먹어 봐. 내가 만든 떡볶이야.

장뢰이 : 한국 음식도 만들 줄 알아? 누구한테서 배웠어?

즈엔 : 오늘 한국 문화 시간에 떡볶이 만드는 법을 배웠어.
집에 와서 다시 만들어 봤는데 맛있을지 모르겠네.

장뢰이 : 와! 맛있겠다. 얼른 맛을 봐야지.
그런데 너무 짜다. 떡볶이에다가 뭘 넣었어?

즈엔 : 선생님이 넣으라고 한 것만 넣었는데 맛이 짜?

장뢰이 : 소금을 너무 많이 넣었어. 양념을 넣을 때는 확인을 하고 넣어야지.

즈엔 : 설탕을 넣는다는 것이 소금을 또 넣었구나!

새 단어 양념 얼른

말하기

여러분의 친구가 실수한 이야기를 듣고 조언을 해 주십시오.

실수의 내용	조언
영희에게 영화를 보자고 문자를 보낸다는 것이 영이에게 문자를 보냈다.	· 문자를 보내기 전에는 받는 사람을 꼭 확인해야지요. · 중요한 내용은 문자만 보내지 말고 전화로 확인해야지요.
식당에서 밥을 먹고 지갑을 놓고 왔다.	· ·
컴퓨터로 리포트를 쓰고 '저장'을 누른다는 것이 '저장 안 함'을 눌렀다.	· ·

보기

가 : 영이는 서울에 사는 제 친구예요. 어제 저는 영이에게 실수를 했어요. 시내에 영화를 보러 가자는 문자를 영희에게 보냈는데 아무리 기다려도 영희에게서 답장이 안 왔어요. 그 대신 영이에게서 무슨 말이냐는 답장이 왔어요. 이상해서 보낸 문자를 다시 보니 영희에게 문자를 보낸다는 것이 영이에게 보낸 거예요. 그래서 영이에게 문자를 잘못 보냈다고 사과하고 영희에게 문자를 다시 보냈어요.

나 : 문자를 보내기 전에는 받는 사람을 꼭 확인해야지요. 그리고 중요한 내용은 문자만 보내지 말고 전화로 확인하세요.

새 단어 시험지 아무리 사과하다 답장 지각

듣기

다음을 듣고 물음에 답하십시오.

1. 들은 내용과 같은 것을 고르십시오.
① 나타샤는 3번에다가 4번 문제의 답을 썼다.
② 나타샤는 시험지를 확인하지 않고 제출했다.
③ 나타샤는 열심히 공부해서 시험을 잘 봤다.
④ 나타샤는 시험 문제를 잘못 읽어서 실수를 했다.

2. 준수는 나타샤에게 어떤 조언을 했습니까?

① ______________________________

② ______________________________

3. 여러분도 나타샤 씨와 비슷한 실수를 한 적이 있습니까? 이야기해 봅시다.

새 단어 망치다 이야기하다

읽기

다음을 읽고 물음에 답하십시오.

오늘은 우리 반 남학생끼리 학교 근처에 있는 산에 가기로 했다. 나는 일찍 일어나서 여러 가지 준비를 했다. 먼저 오늘 입고 갈 옷을 골랐다. 일기예보에서 오늘 날씨는 좋지만 바람이 조금 분다고 했다. 그래서 티셔츠에다가 점퍼를 입기로 했다. 그리고 친구들과 같이 먹을 도시락은 내가 준비하기로 해서 샌드위치와 주먹밥을 만들었다. 도시락을 준비하다가 부모님 생각이 나서 부모님의 도시락도 준비했다. 부모님 도시락에는 사랑한다는 편지를 써 넣었다.

학교 앞에서 만난 우리는 산에 올라가다가 도시락을 먹었다. 나는 자랑스럽게 내가 준비한 도시락을 친구들에게 나누어 주었다. 그런데 한 친구가 도시락을 열자마자 표정이 이상해졌다. 알고 보니 부모님의 도시락에 사랑한다는 편지를 넣는다는 것이 친구의 도시락에 넣은 것이었다.

1. 위 글의 내용과 같은 것을 고르십시오.

① 우리 반 학생들 모두 등산을 했다.

② 부모님께 쓴 편지를 친구가 받았다.

③ 내가 만든 도시락을 친구는 자랑스러워했다.

④ 오늘은 날씨가 좋다고 해서 티셔츠만 입었다.

2. 이 사람이 실수한 내용을 쓰십시오.

____

새 단어 — 자랑스럽다　준비하다

쓰기

여러분이 실수한 경험담을 써 봅시다.

실수의 원인	실수 내용
술	집의 호수를 잘못 알고 남의 집 벨을 눌렀다.

보기

나는 친구들과 술 마시는 것을 좋아한다. 그런데 한 달 전부터 술을 마시지 않는다. 한 달 전, 나는 기분 좋게 술을 한잔 하고 집에 돌아왔다. 엘리베이터를 타고 5층을 눌렀다. 그리고 엘리베이터에서 내린 후에 '늦었으니까 조용히 들어가야지'하고 열쇠를 열쇠 구멍에다가 꽂고 돌렸다. 그런데 문이 열리지 않았다. 여러 번 문을 열려고 했지만 열리지 않아서 결국 나는 벨을 눌렀다. 그런데 계속 벨을 눌러도 친구가 문을 열어 주지 않았다. 그래서 나는 큰 소리로 친구의 이름을 불렀다. 그때였다. 계단 위쪽에서 친구가 나를 불렀다. "야, 너 거기서 뭐 해? 거기는 우리 집이 아니야." 깜짝 놀라서 확인해 보니 410호 앞이었다. 엘리베이터를 타고 5층을 누른다는 것이 4층을 누른 것이었다. 다행히 410호에 사는 사람들은 그날 집에 없었다. 그 일 이후로 나는 술을 마시면 또 실수를 하게 될까 봐 술을 끊었다.

새 단어 경험담 구멍 꽂다 끊다 남 그날 벨 위쪽 이후 한잔 호수

04 선생님의 말씀을 들을걸 그랬어요.

문법 (1)_

▲ -(으)ㄹ 수록

동사 / 형용사	받침 O	-을수록	먹을수록
	받침 X	-ㄹ수록	빠를수록

아는 것이 많을수록 겸손해야 한다.

산은 높이 올라가면 올라갈수록 더 아름답다.

▲ 연습

다음 문장을 완성하십시오.

1. 한국 드라마는 <u>볼수록</u> 재미있어요.
2. ______________________ 많을수록 좋아요.
3. __________________________ 기분이 좋아져요.
4. 한국어는 배우면 배울수록 ____________________________.
5. ___________________________________ 성적이 올라가요.

문법 (2)_

▲ -(으)ㄹ걸 그랬다

동사	받침 O	-을걸 그랬다	먹을걸 그랬다
	받침 X	-ㄹ걸 그랬다	잘걸 그랬다

날씨가 추운 줄 알았으면 바지를 입을걸 그랬어요.
물건 값이 쌀 때 미리 살걸 그랬어요.

▲ 연습

다음 문장을 완성하십시오.

1. 친구 선물을 사야 하는데 용돈을 다 썼어요. 돈을 아껴 쓸걸 그랬어요.
2. 대학 면접시험에서 교수님의 질문에 대답을 못 했어요.
   말하기 연습을 ______________________________.
3. 요즘 건강이 나빠졌어요. 담배를 ______________________.
4. 수업 시간에 휴대전화로 게임을 하다가 선생님께 혼났어요.
   ______________________________________.
5. 비가 오는데 어머니 말을 듣지 않고 우산을 안 가지고 왔어요.
   ______________________________________.

문법 (3)_

▲ -는/(으)ㄴ 법이다

동사	받침 O	-는 법이다	먹는 법이다
	받침 X		가는 법이다
형용사	받침 O	-은 법이다	작은 법이다
	받침 X	-ㄴ 법이다	아픈 법이다

급하게 일을 하면 실수하는 법이다.

가족과 멀리 떨어져 있으면 보고 싶은 법이다.

▲ 연습

다음 대화를 완성하십시오.

1. 가 : 어릴 때부터 아침에 늦게 일어났는데 지금도 늦게 일어나요.
   나 : 버릇은 고치기 힘든 법이에요.

2. 가 : 약이 너무 써서 먹기 싫어요.
   나 : 입에 쓴 약이 ____________________. 빨리 드세요.

3. 가 : 저 할아버지는 부자인데도 절약하면서 사시는것 같아요.
   나 : 아껴 써야 ____________________.

4. 가 : 어머니가 미인이더니 딸도 아주 예쁘군요.
   나 : 어머니가 미인이면 ____________________.

5. 가 : 몸이 아프니까 어머니 생각이 많이 나요.
   나 : 몸이 아프면 ____________________.

어휘와 표현

▲ 실수 (4)

반성하다 고백하다 인정하다 사과하다 변명하다 속이다 감추다	잘못을 깨닫다 용서를 빌다 책임을 지다 핑계를 대다
비난하다 위로하다 실망하다 용서하다 이해하다	야단을 맞다 야단을 치다

▲ 연습

다음 글을 완성하십시오

사람은 누구나 실수를 합니다. 그런데 실수를 했을 때의 태도는 모두 다릅니다. 어떤 사람은 자신의 실수를 인정하고 솔직하게 ______________. 그리고 그런 실수를 다시 반복하지 않기 위해 ________________. 그런데 또 어떤 사람은 __________(으)ㄹ까 봐 자신의 실수에 대해 _____________거나 변명하면서 핑계를 대고 다른 사람을 속이려고 합니다.

상대방의 실수에 대한 태도 역시 다릅니다. 괜찮다고 하며 이해하고 ________ 주는 사람도 있지만 실망하고 야단을 치거나 화를 내며 ____________ 사람도 있습니다.

본문

아노트 : 바이멍 씨, 요즘 대학 수업이 어때요?

바이멍 : 힘들어요. 한국어 실력이 많이 부족해서 수업을 들으면 들을수록 더 어려워요.

아노트 : 바이멍 씨는 대학 입학하기 전에 한국어를 얼마 동안 공부했지요?

바이멍 : 한국어를 배운 지 6개월 만에 대학에 입학했어요.

아노트 : 대학에 일찍 입학한 편이네요.

바이멍 : 한국어 선생님이 좀 더 공부해야 한다고 하셨지만 제가 말을 듣지 않았어요. 선생님의 말씀을 들을걸 그랬어요.

아노트 : 어른들의 말을 잘 들으면 자다가도 떡이 생기는 법이에요.

바이멍 : 네? 그게 무슨 말이에요?

아노트 : 경험이 많은 사람의 말은 우리에게 도움을 준다는 의미예요.

새 단어 떡 만

말하기_

지금까지 살면서 후회하는 일에 대해서 말해 봅시다.

언제	후회
대학교 입학 시험에서 떨어졌을 때	고등학교 때 공부를 열심히 안 했다.

보기

가 : 아사코 씨, 지금까지 살면서 가장 후회하는 일이 뭐예요?
나 : 고등학교 때 공부를 열심히 안 해서 대학 입학 시험에 떨어진 거예요.
가 : 고등학교 때 공부를 안 하고 뭐했어요?
나 : 음악을 너무 좋아해서 공부에 관심이 없었어요.
가 : 부모님께서 걱정이 많으셨겠어요.
나 : 네. 공부 좀 하라는 부모님의 말씀이 너무 듣기 싫었어요.
가 : 그 나이에는 부모님 말을 잘 안 듣는 법이지요.
나 : 맞아요. 그 때 부모님 말 좀 잘 들을걸 그랬어요.

가 : ______________________________
나 : ______________________________
가 : ______________________________
나 : ______________________________
가 : ______________________________
나 : ______________________________
가 : ______________________________
나 : ______________________________

새 단어 후회하다

듣기

1. 들은 내용과 맞으면 O, 틀리면 X 표를 하십시오.

1) 혼다 씨는 늦게 일어나서 회사에 지각을 했다. (　　)

2) 혼다 씨는 출근을 서두르다가 신호를 잘못 봤다. (　　)

3) 혼다 씨는 오늘 회사에 출근하지 못했다. (　　)

4) 혼다 씨는 교통사고가 났지만 다치지는 않았다. (　　)

2. 다음을 잘 듣고 물음에 답하십시오.

1) 들은 내용과 같은 것을 고르십시오.

① 현주 씨는 백화점에서 비싼 옷을 샀다.

② 현주 씨는 다음부터 싼 물건만 살 것이다.

③ 현주 씨는 옷을 사고 옷의 모양을 바꾸었다.

④ 지난주에 은영 씨와 현주 씨는 백화점에 같이 갔다.

2) '싼 게 비지떡이다'는 무슨 뜻입니까?

① 값이 싸면 품질이 좋지 않다.

② 같은 값이면 예쁜 것을 고른다.

③ 보기에 예쁜 옷이 입기에도 좋다.

④ 아무리 예쁜 옷도 마음에 들어야 산다.

새 단어: 교통사고 출근 출근하다 품질

읽기

다음을 읽고 물음에 답하십시오.

> 나는 평범한 회사원이다. 아침이면 출근하고 회사일이 끝나면 집으로 가는 똑같은 생활을 매일 하고 있다. 이러한 내 생활이 즐거울 때도 있지만 오늘처럼 힘들고 지칠 때면 내 젊은 시절의 꿈이 그리워진다. 그리고 젊은 날의 내 행동이 후회가 된다.
>
> 나는 어릴 때부터 노래를 좋아하고 잘 불러서 가수가 되는 것이 꿈이었다. 그래서 대학 4학년 때 한 방송국에서 주최하는 가수왕 선발 대회에 참가했다. 다행히 결과가 좋아서 예선에 통과했다. 결승전 전날 기분이 좋기도 하고 매우 초조하기도 했다. 그래서 긴장을 풀려고 술을 한 잔만 마신다는 것이 친구들 때문에 여러 잔을 마시게 되었다. 그리고 노래 연습을 하려고 노래방에 갔다. 다음날 아침 목이 아프기 시작하더니 대회에서 노래를 부르면 부를수록 목소리가 나오지 않았다. 그 결과 나는 대회에서 상을 받지 못했다.
>
> 그날 이후에 나는 가수의 꿈을 포기하게 되었다. 아! 일이 잘 될수록 더 조심해야 하는 법인데, 그때 술을 마시지 말걸 그랬다.

1. 이 글은 무엇에 대한 글입니까?

① 인생을 바꾼 일　　② 꿈을 이루게 한 일

③ 힘든 일상생활　　④ 반복되는 일상생활

2. 위 글의 내용과 **다른 것**을 고르십시오.

① 어릴 때부터 가수가 되고 싶었다.

② 현재의 생활에 매우 만족하고 있다.

③ 한 번의 실수로 꿈을 이루지 못했다.

④ 지난날의 행동에 대해 후회하고 있다.

새 단어: 결승전　그리워지다　방송국　상　시절　인생　예선　왕　전날　초조하다　평범하다　반복되다

쓰기

지금까지 살면서 후회하는 일이 있습니까? 다음 표를 채우고 쓰십시오.

언제	
어디서	
후회의 내용	

05 말 한마디에 천 냥 빚을 갚는다.

다른 사람에게 실수나 잘못을 한 후 사과를 하는 방법에는 여러 가지가 있습니다. 어떤 방법을 사용하든지 사과를 할 때는 상대방에게 진심으로 미안하다는 마음을 잘 전달하는 것이 중요합니다. 그러기 위해서는 상황에 맞는 적절한 표현을 하는 것이 필요합니다.

한국 속담에는 말과 관련된 속담이 많은데 그 중에 '말 한 마디에 천 냥 빚을 갚는다'라는 말이 있습니다. 이 속담은 말을 어떻게 하느냐에 따라 상대의 마음을 움직여 좋은 결과를 얻을 수도 있다는 뜻입니다. 여러분도 친구에게 실수를 해서 사과를 해야 할 때는 진심을 담아 사과를 해 보십시오.

새 단어: 갚다 냥 빚 사과 상대 속담 움직이다 위하다 적절하다 전달하다 진심

5과 건강과 생활

삼계탕이야말로 여름철 건강식 중에 최고예요.

문법 (1)

▲ (이)야말로

명사	받침 O	이야말로	가족이야말로
	받침 X	야말로	나야말로

건강이야말로 우리에게 가장 중요한 것입니다.
그 여자야말로 진짜 미인입니다.

▲ 연습

다음 문장을 완성하십시오.

1. 대학 입학이야말로 내가 가장 이루고 싶은 목표예요.
2. ______________ 야식으로 제일 인기가 많아요.
3. ______________ 비오는 날에 먹는 음식 중 최고예요.
4. ______________ 내가 가장 존경하는 분이에요.
5. ______________ 한국을 대표하는 사람이에요.

문법 (2)_

▲ -고 나니(까)

동사	받침 O	-고 나니(까)	웃고 나니(까)
	받침 X		보고 나니(까)

책을 읽고 나니까 기분이 좋아졌어요.

숙제를 다 하고 나니까 8시였어요.

▲ 연습

다음 그림을 보고 문장을 만드십시오.

1. 

집에 도착하고 나니까 비가 오기 시작했어요.

2. 

______________________________.

3. 

______________________________.

4. 

______________________________.

5. 

______________________________.

문법 (3)_

▲ -(으)ㄹ 정도

동사 / 형용사	받침 O	-을 정도	읽을 정도
	받침 X	-ㄹ 정도	아플 정도

어제는 친구들과 기분이 좋을 정도로 술을 마셨어요.

시험을 잘 봤지만 장학금을 탈 정도는 아니에요.

▲ 연습

다음 대화를 완성하십시오.

1. 가 : 닭갈비 맛이 어때요?
   나 : 눈물이 날 정도로 매웠어요.

2. 가 : 음식을 얼마나 준비하면 돼요?
   나 : 많이 하지 마시고 5명이 ________________ 준비하세요.

3. 가 : 아랫집에서 파티를 했는데 시끄럽지 않았어요?
   나 : 우리 가족들이 모두 잠을 ________________ 시끄러웠어요.

4. 가 : 어제 본 코미디 영화는 재미있었어요?
   나 : 재미있었지만 배꼽이 ________________ 아니었어요

5. 가 : 집들이에 가서 맛있는 거 많이 먹고 왔어요?
   나 : 그럼요. 음식이 정말 맛있어서 ________________ 먹고 왔어요.

어휘와 표현_

▲ 제철 음식

▲ 연습

다음 밑줄 친 곳에 들어갈 알맞은 말을 쓰십시오.

1. 봄에 식욕이 없을 때 ______________기 위해 나물을 많이 먹는다.

2. 여름에 가장 더운 시기를 ___________(이)라고 하고 이 날 보통 삼계탕을 많이 먹는다.

3. 가을에는 여러 가지 곡식과 과일이 새로 나오는데 이것을 ____________, _________(이)라고 부른다.

4. 겨울에 __________________ 사람은 따뜻한 음식을 자주 먹으면 좋다.

본문

조엔 : 요즘 날씨가 많이 덥지요?

아노트 : 네. 너무 더우니까 조금만 움직여도 피곤할 정도로 힘이 없어요.

조엔 : 그럼, 우리 삼계탕 먹으러 갈래요?

아노트 : 삼계탕이요? 삼계탕이 뭐예요?

조엔 : 삼계탕은 닭고기와 인삼, 대추 등을 넣어서 끓인 탕이에요.

아노트 : 이렇게 더운데 왜 뜨거운 삼계탕을 먹어요?

조엔 : 한국에서는 여름에 더위를 이기려고 삼계탕을 먹거든요.
삼계탕이야말로 여름철 건강식 중에 최고예요.
저도 지난번에 힘이 없을 때 삼계탕을 먹고 나니까 아주 좋아졌어요.

아노트 : 그래요? 그럼 빨리 먹으러 가요.

새 단어 나다 닭고기 대추 더위 이기다 인삼 탕

말하기

여러분 나라의 제철 음식에 대해 말해 봅시다.

나라	계절	제철 음식	효능
한국	봄	봄나물	입맛을 돋운다.
	여름	콩국수, 수박	더위를 이긴다.
	가을	햇곡식, 햇과일	영양이 풍부하다. 맛이 좋다.
	겨울	팥죽, 귤	추위를 이긴다. 감기에 좋다.
	봄		
	여름		
	가을		
	겨울		

보기

가 : 미나 씨, 제철 음식이 뭐예요?
나 : 제철 음식은 각 계절에 나오는 채소로 만든 음식이나 과일을 말해요.
계절마다 이런 제철 음식들을 먹으면 건강에 좋다고 하지요.
나 : 그렇군요. 그럼 한국에서는 어떤 제철 음식들이 좋아요?
가 : 봄에는 입맛을 돋우려고 봄나물을 먹고 여름에는 콩국수나 수박 등을 먹으면서
더위를 이긴다고 해요.
나 : 가을과 겨울에는 어떤 음식을 먹으면 건강에 좋아요?
가 : 가을에 새로 나온 햇곡식이나 햇과일은 맛있을 뿐만 아니라 영양이 풍부하고
겨울에는 따뜻한 팥죽을 먹으면서 추위를 이기고 감기에 좋은 귤도 먹어요.

가 : ______________________________
나 : ______________________________
가 : ______________________________
나 : ______________________________
가 : ______________________________
나 : ______________________________
가 : ______________________________
나 : ______________________________
가 : ______________________________
나 : ______________________________

새 단어: 영양 효능

듣기

다음을 잘 듣고 물음에 답하십시오.

1. 사골국은 주로 언제 먹습니까?

① 시험이 있을 때　② 잠이 안 올 때
③ 기운이 없을 때　④ 손님을 초대할 때

2. 들은 내용과 **다른 것**을 고르십시오.

① 한국은 다양한 삼계탕이 있다.
② 여자는 어머니와 함께 살지 않는다.
③ 남자는 요즘 시험공부 때문에 잠을 자지 못했다.
④ 여자는 어머니가 만들어 주신 사골국을 좋아한다.

새 단어 국물　기운　뼈　오랫동안　코피

읽기

다음을 읽고 물음에 답하십시오.

> 한국의 대표적인 보양식으로 삼계탕이 있다. 보양식이란 몸에 기운이 없을 때 기운을 보충해 줄 수 있는 음식을 말하는데 각 나라마다 그 나라만의 보양식이 있다.
>
> 중국의 대표적인 보양식으로는 '불도장'과 '자라탕'이 있다. 불도장은 전복, 죽순, 상어 지느러미 등의 재료들을 오랜 시간 끓여 먹는 탕으로 여름철 기운이 없을 때 황실에서 주로 만들어 먹었다. 다른 보양식인 자라탕은 자라를 끓여 만든 것으로 건강을 회복시켜 주고 기운을 좋게 한다고 하여 많은 사람들이 즐겨 먹는다.
>
> 일본의 보양식은 '장어'가 있다. 복날이 되면 일본 사람들은 장어를 많이 먹는데 덥고 습한 여름에 장어를 먹고 부족한 비타민을 보충한다.
>
> 베트남에서는 건강을 위해 '라우제'라는 보양식을 먹는다. 라우제는 사골국에 여러 가지 야채와 양고기를 넣고 끓인 탕으로 특히 아이를 낳은 임산부들에게 좋다.

1. 위 글의 제목으로 알맞은 것을 고르십시오.

① 계절별 보양식　　② 나라별 보양식

③ 보양식의 의미　　④ 보양식의 재료

2. 위 글의 내용과 **다른 것**을 고르십시오.

① 보양식은 건강을 위해 먹는 음식이다.

② 일본에서는 비타민 때문에 장어를 즐겨 먹는다.

③ 불도장은 옛날부터 중국 사람들이 흔히 먹는 보양식이다.

④ 베트남의 라우제는 임산부들이 먹으면 기운을 좋게 한다.

새 단어 보양식　보충하다　습하다　양고기　임산부　황실　회복시키다

쓰기

여러분 나라의 건강식 또는 보양식을 소개하는 글을 쓰십시오.

나라	건강식 / 보양식	설명
한국	삼계탕	· 더운 여름에 주로 먹는다. · 닭고기와 인삼, 대추 등을 넣어 푹 끓인다. · 땀을 많이 흘려 피곤하거나 기운이 없을 때 먹는다. · 몸을 따뜻하게 해 줘서 건강에 좋다.
		· · · ·

우리나라에는 ______________________(이)라는 건강식/보양식이 있다.

____

____

____

____

____

____

____

____

____

____

____

새 단어 흘리다

02 건강해진다면 그 정도 노력은 해야겠죠.

문법 (1)_

▲ -는/(으)ㄴ 만큼

동사	받침 O	-는 만큼	읽는 만큼
	받침 X		공부하는 만큼
형용사	받침 O	-은 만큼	좋은 만큼
	받침 X	-ㄴ 만큼	빠른 만큼

선배들이 경험이 많은 만큼 아는 것도 많아요.

네가 공부하는 만큼 성적이 오를 거야.

▲ 연습

다음 대화를 완성하십시오.

1. 가 : 미나 씨는 성격이 참 좋은 것 같아요.
   나 : 맞아요. 얼굴이 예쁜 만큼 성격도 좋아서 친구가 많아요.

2. 가 : 여기에 있는 음식을 다 먹어야 해요?
   나 : 아니요. ____________________만 가져다 드세요.

3. 가 : 피터 씨는 정말 바쁜 것 같아요.
   나 : 네. 하지만 ____________________ 돈도 많이 받아서 괜찮아요.

4. 가 : 세냐 씨, 지난번에 도와 줘서 고마웠어요.
   나 : 아니에요. 저도 도움을 ________________ 당연히 도와 드려야죠.

5. 가 : 영희 씨는 ________________________ 그림을 잘 그리는군요.
   나 : 별 말씀을요.

※ N만큼 A/V -(으)ㄴ/는 N도 없다.

여름에 수박만큼 시원한 과일도 없어요.

우리 반에서 미나 씨만큼 영어를 잘 하는 학생도 없어요.

▲ 연습

다음 문장을 완성하십시오.

1. 이 세상에서 부모만큼 자식들을 사랑하는 사람도 없어요.

2. 간바트 씨가 혼자서 삼겹살을 6인분이나 먹었어요.
   간바트 씨만큼 고기를 ______________________________.

3. 한국어는 발음이 정말 어려운 것 같아요.
   제 생각에는 한국어만큼 ______________________________.

4. 저는 '사랑'이라는 노래가 정말 좋아요. 들을수록 마음이 편안해지거든요.
   '사랑'만큼 ______________________________.

5. 어제 본 영화는 정말 무서웠어요. 너무 무서워서 잠도 못 잘 정도였어요.
   어제 본 ______________________________.

문법 (2)_

▲ -(는/ㄴ)다면

동사	받침 O	-는다면	닫는다면
	받침 X	-ㄴ다면	온다면
형용사	받침 O	-다면	좋다면
	받침 X		바쁘다면

집에 있는 책을 다 읽는다면 네가 원하는 책을 사 줄게.

시간이 많다면 세계 여행을 할 거예요.

▲ 연습

다음 대화를 완성하십시오.

1. 가 : 제주도에 가 봤어요? 정말 아름다워요.

   나 : 그래요? 제주도가 그렇게 아름답다면 꼭 한번 가 봐야겠군요.

2. 가 : 오늘 저녁에 준수 씨 생일 파티에 갈 거예요?

   나 : 토리 씨는 갈 거예요? 토리 씨가 ________________ 저도 갈게요.

3. 가 : 점심 식사를 했어요? ________________________ 제가 살게요.

   나 : 네. 아직 안 먹었어요. 사 주세요.

4. 가 : 태권도를 배우고 싶은데 어디에서 배우지?

   나 : 네가 태권도를 __________________________ 내가 가르쳐줄게.

5. 가 : 생일 선물로 무엇을 받고 싶어?

   나 : ____ 좋을 거야.

문법 (3)_

▲ -기 위해(서)

동사	받침 O	-기 위해(서)	앉기 위해(서)
	받침 X		가기 위해(서)

빌려준 책을 받기 위해서 친구에게 전화했어요.
대학교에 입학하기 위해 한국어를 공부해요.

▲ 연습

다음 문장을 완성하십시오.

1. 이번 여름에 비키니를 <u>입기 위해서</u> 운동을 해요.
2. 독후감을 ______________________ 책을 읽고 있어요.
3. ______________________ 아르바이트를 하려고 해요.
4. 케이크를 만들기 위해서 ______________________.
5. ______________________.

어휘와 표현

다이어트	요요 현상	체지방	식이요법	식습관	비만	체중 감량
살이 찌다	살을 빼다	살이 빠지다	굶다			

▲ 연습

다음 밑줄 친 곳에 들어갈 알맞은 말을 쓰십시오.

1. 마른 사람이지만 ______________ 많으면 비만이라고 할 수 있다.
2. 편식하지 않고 골고루 먹으면서 규칙적으로 식사를 하는 올바른 _______ 이야말로 건강을 지키는 가장 중요한 방법이다.
3. 아무것도 먹지 않고 무조건 _________ 살을 빼는 다이어트는 좋지 않다. 음식을 조절하는 _____________ 운동을 같이 해야 한다. 그렇지 않으면 다시 살이 찌는 ______________ 찾아 올 수 있다.

본문

장뢰이 : 즈엔 씨, 얼굴 표정이 좋지 않아요. 무슨 일이 있어요?

즈엔 : 오늘 병원에 다녀왔는데 체지방이 많다고 다이어트를 하라고 했어요.

장뢰이 : 그래요? 즈엔 씨가 그렇게 뚱뚱한 편은 아닌데요.

즈엔 : 제가 뚱뚱하지는 않지만 운동을 안 해서 그런지 체지방이 많은 것 같아요.
체지방을 줄이기 위해서 다이어트를 해야겠어요.

장뢰이 : 다이어트에는 운동과 식이요법만큼 좋은 방법도 없어요.
매일 운동을 하면 운동을 하는 만큼 체지방이 줄어들 거예요.

즈엔 : 건강해진다면 그 정도 노력은 해야겠죠.

말하기_

여기는 병원입니다.

다음을 완성하고 의사와 환자가 되어 말해 봅시다.

	좋은 음식	나쁜 음식
피부	과일, 야채	초콜릿, 과자
머리		
비만		
건강		

보기

의사 : 무슨 일로 오셨습니까?
환자 : 피부도 나빠지고 자꾸 살이 쪄서 왔습니다.
의사 : 평소에 어떤 음식을 자주 드십니까?
환자 : 밥보다는 초콜릿과 과자 같은 간식을 자주 먹는 편이에요.
의사 : 모두 잘못된 식습관 때문입니다. 지금처럼 밥을 먹지 않고 초콜릿 같은 간식을 계속 먹는다면 상태는 더 나빠질 겁니다.
피부가 좋아지고 몸도 건강해지기 위해서 규칙적으로 식사를 하시고 야채와 과일도 자주 드셔야 합니다.
환자 : 알겠습니다. 앞으로는 간식을 줄이고 피부에 좋은 음식을 먹겠습니다.

가 : ______________________
나 : ______________________
가 : ______________________
나 : ______________________
가 : ______________________
나 : ______________________
가 : ______________________
나 : ______________________
가 : ______________________
나 : ______________________

새 단어 간식 과자 평소

듣기

다음을 잘 듣고 물음에 답하십시오.

1. 두 사람은 지금까지 무슨 이야기를 했습니까?

① 운동　② 식이요법　③ 식단표　④ 저녁 식사

2. 살을 빼기 위한 올바른 방법은 무엇입니까?

① 전문가와 상담한다.　② 하루 정도 굶는다.　③ 한 가지 음식만 먹는다.　④ 스스로 식단표를 만든다.

3. 다음 중 살을 빼기 위해 피해야 할 것은 무엇입니까?

① 물　② 사과　③ 오이　④ 튀김

4. 올바른 식사 방법은 무엇입니까?

첫째, 하루에 3번 규칙적인 식사를 한다.

둘째, ______________________________.

셋째, ______________________________.

넷째, ______________________________.

다섯째, 물을 자주 마신다. 하지만 ______________________________.

새 단어 가능하다　당부　시청자　식사량　식단표　일정하다　전문가　효과적

읽기

여러분은 건강하십니까? 다음 표를 작성하고 건강 나이를 알아보십시오.

	그렇다	아니다
숨을 멈추고 1분 이상 참을 수 있다.		
눈을 감고 한쪽 다리로만 서서 1분 이상 있을 수 있다.		
발을 모으고 무릎을 붙이고 몸을 숙였을 때 손바닥이 바닥까지 닿는다.		
발을 모으고 허리를 뒤로 젖혔을 때 허리 높이보다 아래의 물건을 볼 수 있다.		
똑바로 누워서 윗몸 일으키기를 10초에 10회 이상 할 수 있다.		
똑바로 누워 다리를 25㎝정도 올리고 1분 이상 참을 수 있다.		
머리 위에 책이나 잡지를 올려 놓고 다리를 5회 이상 굽혔다 펼 수 있다.		
제 자리에서 50㎝ 이상 위로 뛸 수 있다.		
수건을 바닥에 놓고 좌우로 10초에 10회 이상 건너뛸 수 있다.		
줄넘기를 계속해서 30회 이상 할 수 있다.		

결과

당신의 건강은 어떻습니까?

9개 이상 ~10개 : 당신의 건강 나이는 청춘입니다.

7개 이상 ~ 8개 : 조금만 더 건강에 신경을 쓰면 청춘을 찾을 수 있습니다.

5개 이상 ~ 6개 : 청춘이 이미 가 버렸습니다. 건강에 신경을 쓰지 않았군요.

3개 이상 ~ 4개 : 몸을 움직이지 않고 살았군요. 움직일 때 '우드득' 소리가 나지 않나요?

0개 이상 ~ 2개 : 건강 나이는 할아버지, 할머니입니다. 지금부터 운동을 해야 합니다.

새 단어
감다 건너뛰다 높이 뛰다 멈추다 손바닥 신경 올리다
우드득 윗몸 일으키기 젖히다 좌우 참다 청춘 펴다

쓰기

건강을 위한 생활 습관은 무엇입니까? 표를 채우고 쓰십시오.

	해야 할 것	하면 안 되는 것
음식	· 고기보다는 야채를 많이 먹는다. · · · ·	· 술을 많이 마신다. · · · ·
생활	· 일찍 자고 일찍 일어난다. · · · ·	· 늦게까지 컴퓨터 게임을 한다. · · · ·

건강한 생활 습관이 건강한 몸을 만듭니다. 건강한 생활을 하기 위해서는

03 아침을 안 먹다가는 건강이 나빠질 거예요.

문법 (1)_

▲ -다가는

동사 / 형용사	받침 O	-다가는	먹다가는
	받침 X		바쁘다가는

그렇게 담배를 피우다가는 병에 걸릴 거야.

오후가 되니까 날씨가 춥다가는 더워졌어요.

▲ 연습

다음 표를 완성하고 문장을 만드십시오.

	상황	결과
1	이를 닦기 싫어한다.	이가 썩어서 병원에 가야 한다.
2	다음 주가 시험인데 게임만 한다.	시험을 잘 못 보고 유급한다.
3	하루에 담배를 2갑이나 피운다.	
4	수업시간에 계속 떠든다.	
5		

1. 그렇게 이를 안 닦다가는 이가 썩어서 병원에 가야 할 거야.

2. ______________________________.

3. ______________________________.

4. ______________________________.

5. ______________________________.

문법 (2)

▲ -잖아요

동사 / 형용사	받침 O	-잖아요	읽잖아요
	받침 X		바쁘잖아요

우리가 여행 가는 날은 항상 날씨가 좋잖아요.

오늘 집들이라서 손님이 오시잖아.

▲ 연습

다음 대화를 완성하십시오.

1. 가 : 배가 너무 고픈데 저녁은 언제 먹을 수 있어요?
   나 : 지금 만들고 있잖아요. 조금만 기다리세요.

2. 가 : 마이클 씨는 왜 숙제를 안 해 왔어요?
   나 : 어제 감기에 걸려서 ________________________.

3. 가 : 조금 전까지 식탁 위에 케이크가 있었는데 못 봤어요?
   나 : 준석 씨가 아까 저한테 줘서 제가 ________________________.

4. 가 : 이번 주말에 무엇을 할까요?
   나 : 잊었어요? 우리 같이 ________________________.

5. 가 : 채윤 씨는 정말 인기가 많은 것 같아요.
   나 : ________________________.

문법 (3)

▲ -는/(으)ㄴ 반면에

동사	받침 O	-는 반면에	먹는 반면에
	받침 X		가는 반면에
형용사	받침 O	-은 반면에	좋은 반면에
	받침 X	-ㄴ 반면에	예쁜 반면에

미나는 꽃을 사는 반면에 소이는 과일을 사요.

그 회사는 월급이 많은 반면에 일이 많아요.

▲ 연습

다음을 연결하고 문장을 완성하십시오.

1. 그는 공부를 잘한다. •	• 동생은 키가 작다.
2. 형은 키가 크다 •	• 말하기를 못한다.
3. 한국어 듣기 실력이 좋다. •	• 똑똑한 사람들이 많다.
4. 한국은 나라가 작다. •	• 운동을 못한다.
5. 일본어는 읽을 줄 안다. •	• 중국어는 읽을 줄 모른다.

1. 그는 공부를 잘하는 반면에 운동을 못한다.

2. ______________________________.

3. ______________________________.

4. ______________________________.

5. ______________________________.

어휘

▲ 즉석식품

패스트푸드

햄버거

프라이드치킨

피자

인스턴트식품

냉동식품

통조림

라면

본문

선생님 : 하리 씨, 아침부터 왜 그렇게 기운이 없어요?

하리 : 오늘도 아침을 못 먹어서 그래요.

선생님 : 또 아침을 안 먹었어요? 어제도 그저께도 안 먹었잖아요.

하리 : 아직 한국 음식이 입에 맞지 않아서 잘 못 먹겠어요.

선생님 : 그렇게 계속 아침을 안 먹다가는 건강이 나빠질 거예요.
점심과 저녁 식사는 어떻게 해요?

하리 : 친구와 같이 학교 근처 인도 식당에 가서 사 먹어요.

선생님 : 학교 생활에는 잘 적응한 반면에 한국 음식에는 잘 적응하지 못한 것 같군요.
한국에서 계속 생활하려면 한국 음식에도 익숙해져야 해요.

하리 : 알겠습니다. 다음부터는 꼭 먹도록 할게요.

말하기_

여러분은 아침, 점심, 저녁에 주로 무엇을 먹습니까? 친구와 대화해 봅시다.

	아침	점심	저녁
요코	빵, 우유	햄버거	피자
준기	밥, 국, 반찬	비빔밥	×

보기

준기 : 요코 씨는 아침에 뭘 먹어요?
요코 : 빵과 우유를 먹어요. 아침에는 바쁘잖아요. 준기 씨는요?
준기 : 저는 밥과 국, 그리고 여러 가지 반찬을 꼭 먹어요.
요코 : 그렇게 먹을 시간이 있어요?
준기 : 저는 부모님과 같이 살잖아요. 어머니께서 아침을 준비하시니까 아침 식사 하기에는 편해요. 요코 씨도 점심에는 밥을 드시지요?
요코 : 아니요. 요즘 회사 일이 많아서 햄버거를 자주 먹어요.
준기 : 그렇게 먹다가는 건강이 나빠질 지도 몰라요.
빵이나 햄버거는 간단하게 먹을 수 있는 반면에 건강에 좋지 않잖아요.
앞으로는 밥을 챙겨 먹도록 하세요.

가 : ______________________________
나 : ______________________________
가 : ______________________________
나 : ______________________________
가 : ______________________________
나 : ______________________________
가 : ______________________________
나 : ______________________________

새 단어 국 반찬

듣기

다음을 잘 듣고 물음에 답하십시오.

1. 남자가 배가 아픈 이유는 무엇입니까?

① 술을 자주 마셔서　　② 아침을 잘 먹어서

③ 즉석식품을 많이 먹어서　　④ 한 번에 많이 먹어서

2. 들은 내용과 맞으면 O, 틀리면 X 표를 하십시오.

1) 남자는 점심은 보통 삼각 김밥과 컵라면 등을 먹는다. (　　)

2) 남자는 아침마다 패스트푸드를 먹는다. (　　)

3) 남자는 저녁에 맥주를 꼭 마신다. (　　)

4) 남자는 앞으로 패스트푸드나 인스턴트식품을 줄이려고 한다. (　　)

읽기

다음을 읽고 물음에 답하십시오.

우리나라 청소년의 비만이 심각하다. 한 연구소가 청소년 비만율을 조사했는데 비만 비율이 14.25%, 고도 비만율은 1.25%로 작년보다 각각 1.08%, 0.17% 증가한 것으로 나타났다. 전문가들은 패스트푸드를 즐겨 먹는 잘못된 식생활과 운동 부족을 비만의 주요 원인이라고 말하고 있다.

현대인의 바쁜 생활은 패스트푸드라는 새로운 음식 문화를 만들었다. 청소년의 97%가 간식으로 빵, 라면, 햄버거 등 인스턴트식품이나 패스트푸드를 먹는다는 조사 결과도 있다. 식생활이 건강은 물론, 성격과 태도에도 영향을 준다는 것은 알려진 사실이다. 인스턴트식품을 오래 먹으면 집중력이 떨어지고 성격이 급해지며 폭력적인 행동을 하게 된다.

최근 선진국에서는 비만으로부터 어린이와 청소년들의 건강을 지키기 위해 노력하고 있다. 영국은 학교 식당에서 학생들에게 감자튀김을 주지 못하게 하였고, 미국의 한 학교에서는 학생들에게 야채로 만든 피자를 주고 있다. 이처럼 어린이와 청소년에게 패스트푸드와 같은 음식은 먹지 않도록 하는 반면에 신선한 야채, 곡물, 고기, 어패류 등을 많이 먹을 수 있게 하고 있다. 비만 문제를 해결하기 위해서는 어릴 때부터 영양소가 골고루 갖추어진 슬로푸드를 먹는 식생활로 바꿔야 할 것이다.

1. 위 글에서 이야기하지 **않은 것**은 무엇입니까?

① 패스트푸드의 장점　　② 청소년 비만의 원인

③ 인스턴트식품과 성격의 관계　　④ 선진국의 청소년 비만 해결 방법

2. 위 글의 내용과 **다른 것**을 고르십시오.

① 식생활은 성격과도 관계가 있다.

② 청소년의 비만율이 점점 증가하고 있다.

③ 영국에서는 청소년에게 감자튀김을 팔지 않는다.

④ 잘못된 식생활과 운동 부족 때문에 비만이 생기고 있다.

새 단어 갖추어지다　고도　비만율　비율　선진국　슬로푸드　심각하다　어패류　향　잘못되다　집중력　폭력적　현대인

쓰기

여러분은 패스트푸드나 인스턴트식품을 먹는 것을 찬성하십니까? 반대하십니까? 패스트푸드나 인스턴트식품의 장단점을 쓰고 여러분의 생각을 써 보십시오.

패스트푸드와 인스턴트식품	
장점	· 시간이 없을 때 간편하게 먹을 수 있다. · · · ·
단점	· 맛을 내기 위해 설탕, 기름, 소금 등을 많이 사용한다. · · · ·

저는 패스트푸드나 인스턴트식품을 먹는 것을 ______________________

그 이유는 ______________________

새 단어: 반대하다 찬성하다

04

건강해진 걸 보니까 채식이 몸에 좋은가 봐요.

문법 (1)_

▲ -나 보다 / -(으)ㄴ가 보다

동사	받침 O	-나 보다	먹나 보다
	받침 X		가나 보다
형용사	받침 O	-은가 보다	좁은가 보다
	받침 X	-ㄴ가 보다	예쁜가 보다

마리 씨는 태국 식당에 자주 가요. 태국 요리를 좋아하나 봐요.

제르미 씨가 떡볶이를 먹으면서 계속 물을 마셔요. 떡볶이가 매운가 봐요.

▲ 연습

다음 대화를 완성하십시오.

1. 가 : 미카엘 씨가 장학금을 받았다고 해요.
   나 : 공부를 열심히 했나 보군요.

2. 가 : 집에서 학교까지 1시간 반이나 걸려요.
   나 : 집이 ______________________________.

3. 가 : 연주 씨는 신발이 50 켤레가 넘는다고 해요.
   나 : 그렇게 많아요? ______________________________.

4. 가 : 앙리 씨가 계속 기침을 해요.
   나 : ______________________________.

5. 가 : 요즘 동아리에 자주 못 가요.
   나 : ______________________________.

문법 (2)_

▲ -는/(으)ㄴ 걸 보니(까)

동사	받침 O	-는 걸 보니(까)	먹는 걸 보니(까)
	받침 X		가는 걸 보니(까)
형용사	받침 O	-은 걸 보니(까)	좋은 걸 보니(까)
	받침 X	-ㄴ 걸 보니(까)	나쁜 걸 보니(까)

계속 잠만 자는 걸 보니 많이 피곤한가 봐요.

손님이 적은 걸 보니까 그 식당 음식이 맛없는 것 같아요.

▲ 연습

다음 그림을 보고 문장을 만드십시오.

1. 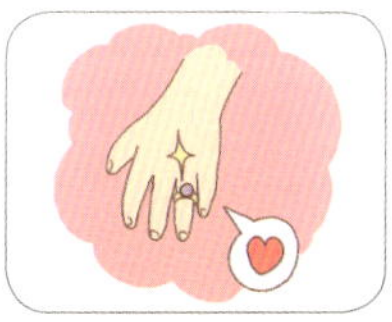

반지를 끼고 있는 걸 보니 프러포즈를 받았나 봐요.

2. 

____________________ 사고가 났나 봐요.

3. 

______________________________________.

4. 

______________________________________.

5. 

______________________________________.

문법 (3)_

▲ 얼마나 -는/(으)ㄴ지

동사	받침 O	-는지	얼마나 먹는지
	받침 X		얼마나 공부하는지
형용사	받침 O	-은지	얼마나 작은지
	받침 X	-ㄴ지	얼마나 큰지

운동을 얼마나 좋아하는지 하루에 3시간을 한다니까요.

과제가 얼마나 많은지 쉴 시간이 없어요.

▲ 연습

다음 문장을 완성하십시오.

1. 방이 얼마나 더러운지 청소하는데 5시간이나 걸렸어요.
2. 제르미 씨는 한국말을 얼마나 ______________ 한국 사람 같아요.
3. 그 가수를 얼마나 ______________ 그 가수의 노래는 모르는 게 없어요.
4. 점심에 먹은 고추가 얼마나 ______________ 눈물이 날 정도였어요.
5. 영화가 얼마나 재미없는지 ______________________________.

어휘

군것질 간식 야식 편식 폭식 소식 채식 육식
영양실조 영양 불균형 불면증 수면 부족 과로

▲ 연습

다음 밑줄 친 곳에 들어갈 알맞은 말을 쓰십시오.

1. 혼다 씨는 평소에는 잘 먹지 않다가 한꺼번에 많이 먹는데 이런 ________ 정말 나쁜 식습관이에요.
2. 텔레비전에서 보니까 영양 불균형으로 ________ 걸린 아이들이 많대요.
3. 주말이나 휴일에는 좀 쉬도록 하세요. 그렇게 ________ 쓰러질 거예요.
4. 저의 부모님은 10년 전부터 야채와 과일만 드시는 ________이시고 저는 요즘 건강을 위해 식이요법과 같이 식사량을 30% 줄이는 ________ 해요.
5. 요즘 아이들은 ______ 심한데 부모님들이 아이들이 먹기 싫어하는 음식을 작게 썰어서 좋아하는 음식 속에 넣어 주면 좋다고 해요.

본문

바이멍 : 즈엔 씨, 오랜만이에요. 방학 잘 보냈어요?

즈엔 : 네. 잘 보냈어요. 바이멍 씨도 잘 지냈죠?

바이멍 : 그럼요. 그런데 즈엔 씨, 좀 달라 보이는데요? 피부가 좋아진 것 같아요.

즈엔 : 네. 예전에는 고기 위주의 음식을 많이 먹었는데 방학 동안 채식 위주의 식사를 했어요.
채식을 하니까 피부도 좋아지고 몸도 얼마나 건강해졌는지 몰라요.

바이멍 : 건강해진 걸 보니까 채식이 몸에 좋은가 봐요.
하지만 채식만 고집하면 영양 불균형이 올 수도 있어요.

즈엔 : 그렇겠군요. 앞으로는 고기도 먹으면서 건강을 챙겨야겠어요.

새 단어 | 고집하다 | 오랜만 | 위주

말하기_

다음 표를 작성하고 대화해 봅시다.

	상황	해결 방법	
에이미	짜증을 잘 낸다.	· 과로하지 마세요. · 스트레스를 푸세요.	· 우유를 많이 드세요.
샤오한	불면증이 있다.	· ·	·
		· ·	·

보기

가 : 에이미 씨, 무슨 일이 있어요?
나 : 왜요?
가 : 요즘 짜증을 잘 내는 걸 보니 안 좋은 일이 있는 것 같아요.
나 : 그래요? 사실은 일이 많을 뿐만 아니라 스트레스도 많이 받아서 그래요.
가 : 그럴수록 과로하지 말고 스트레스를 꼭 풀어야지요.
그리고 칼슘이 부족하면 짜증을 많이 낸다고 해요.
하루에 한 잔씩 우유를 드셔 보세요.
나 : 알겠어요. 그렇게 하도록 할게요.

가 : ______________________
나 : ______________________
가 : ______________________
나 : ______________________
가 : ______________________
나 : ______________________
가 : ______________________
나 : ______________________

새 단어 과로하다 짜증 칼슘

듣기

다음을 잘 듣고 물음에 답하십시오.

1. 두 사람은 무엇에 대해 이야기하고 있습니까?

① 텔레비전과 건강　　② 건강한 음식

③ 잠버릇과 건강　　④ 건강한 사람

2. 들은 내용과 **다른 것**을 고르십시오.

① 요즘 건강에 대한 관심이 높다.

② 똑바로 누워서 자는 것이 건강에 좋다.

③ 높은 베개를 베고 자는 것이 건강에 좋다.

④ 개구리처럼 자는 사람은 심장이 좋지 않다.

새 단어　개구리　베개　베다　심장　위　잠버릇

읽기

다음을 읽고 물음에 답하십시오.

요즘 스트레스가 많다. 다음 달에 보는 토픽 시험 때문이다. 마음은 초조한데 공부는 잘 안 되고, 해야 할 숙제도 많고, 스트레스가 점점 쌓인다. 내 친구도 나처럼 스트레스가 쌓인다고 한다. 친구가 요즘 밥을 잘 먹지 못 하는 걸 보니까 정말 스트레스가 많은가 보다. 보통 스트레스가 쌓이면 입맛이 없다고 한다. 입맛이 없으면 잘 먹지 못 하니까 살도 빠진다고 한다. 그런데 나는 오히려 자꾸 먹고 싶어서 밥도 많이 먹을 뿐만 아니라 군것질도 많이 한다. 군것질을 얼마나 많이 하는지 하루에 아이스크림을 15개나 먹은 적도 있다. 그래서 점점 살이 찐다. 살이 찌면 살 때문에 또 스트레스가 쌓인다. 하지만 오늘은 걱정을 잠시 잊고 친구와 같이 스트레스를 풀러 노래방에 가야겠다. 소리를 크게 지르면서 노래를 부르면 스트레스가 조금 풀릴 것 같기 때문이다.

1. 이 사람이 살이 찌는 이유가 **아닌 것**은 무엇입니까?

① 시험 때문에　② 친구 때문에

③ 스트레스 때문에　④ 숙제 때문에

2. 이 사람이 스트레스를 풀기 위해 할 행동이 **아닌 것**은 무엇입니까?

① 굶는다.　② 군것질을 한다.

③ 노래를 부른다.　④ 소리를 지른다.

3. 위 글의 내용과 같은 것을 고르십시오.

① 이 사람은 살이 찌면 스트레스를 받는다.

② 이 사람은 스트레스 때문에 입맛이 없다.

③ 이 사람은 살이 빠지면 군것질을 많이 한다.

④ 이 사람은 스트레스를 받으면 친구와 이야기한다.

새 단어　오히려　쌓이다　점점　지르다　토픽

쓰기

자신만의 스트레스 푸는 법을 쓰십시오.

스트레스	푸는 방법
시험	

나는 ________________ 때문에 스트레스를 받는다.

그럴 때는 ____

____

____

____

____

또 ________________ 때문에 스트레스를 받는다.

그럴 때는 ____

____

____

____

____

그리고 ________________ 때문에 스트레스를 받는다.

그럴 때는 ____

____

____

____

____

05 건강에 좋은 물

한국 사람들은 피로와 스트레스를 풀려고 목욕을 합니다. 따뜻한 물에 몸을 담그면 혈액 순환이 좋아져서 건강에도 좋다고 합니다. 이렇게 물을 이용해 건강을 유지하는 방법들이 있는데 그 중에 대표적인 것이 온천입니다. 온천욕을 하면 피부도 좋아지고 스트레스에 대한 면역력이 높아집니다. 또한 약이 되는 물이라고 하는 약수도 있습니다. 청주 근처에 있는 초정 약수는 세계 4대 약수로 옛날부터 왕들도 그곳에 가서 요양을 하며 병을 치료했다고 합니다. 약수를 마시거나 약수에 몸을 담그면 건강과 피부에 좋습니다. 왜냐하면 약수에는 몸에 필요한 여러 가지 미네랄 성분들이 들어있기 때문입니다.

새 단어

그곳 담그다 면역력 목욕 미네랄 성분 약수 온천
온천욕 왜냐하면 요양 유지하다 치료하다 혈액

| 쉽게 말하는 한국어 3 |

듣기 지문

듣기 지문

1과

▶ 01항

수험생 : 안녕하십니까? 처음 뵙겠습니다. 중국에서 온 장밍입니다.
면접관 : 한국에 온 지 얼마나 됐어요?
수험생 : 1년 정도 됐습니다.
면접관 : 그럼 한국어도 1년 동안 배웠어요?
수험생 : 아닙니다. 한국에 오기 전에 중국에서도 3개월 배웠습니다.
면접관 : 한국 생활이 힘들지는 않아요?
수험생 : 처음에는 조금 힘들었지만 곧 괜찮아졌습니다.
저는 새로운 환경에 잘 적응하는 편입니다.
면접관 : 우리 학과에 지원한 동기는 뭐예요?
수험생 : 저는 고등학교 때부터 경제에 관심이 많았습니다.
한국의 빠른 경제 발전에 관심이 있어서 경제학과에 지원했습니다.
면접관 : 한국어로 수업을 하는데 이해할 수 있겠어요?
수험생 : 처음에는 힘들겠지만 열심히 노력하겠습니다.

▶ 02항

민수 : 아이코 씨 시험 준비하러 오셨어요?
아이코 : 아니요. 어제 일본에서 제 동생이 왔어요.
그래서 지금 같이 학교 구경하고 있어요.
저기 자동판매기 앞에 있는 사람이 제 동생이에요.
민수 : 동생이 영화배우처럼 예쁘게 생겼네요.
참, 아이코 씨 남동생도 있지요?
아이코 : 네. 남동생은 일본에서 고등학교에 다니고 있어요.
민수 : 그럼 아이코 씨 형제는 1남 2녀군요.
아이코 : 그런데 동생하고 청주를 구경하려고 하는데 어디에 가 보면 좋을까요?
민수 : 무심천하고 상당산성에 가 보세요. 요즘 벚꽃이 피어서 아주 예쁠 거예요.

▶ 03항

Q : 저는 수의사가 되고 싶은 학생입니다. 수의사가 되고 싶으면 대학에서 무엇을 전공해야 하는지 알고 싶습니다. 또 대학에서 어떤 내용을 공부하는지도 알고 싶습니다. 자세히 알려 주시면 감사하겠습니다.

A : 수의사가 되고 싶으면 수의학을 공부해야 합니다. 수의학은 대학에서 다른 전공과 다르게 6년 동안 공부합니다. 수의학은 동물의 질병과 치료에 대해서 공부하는 학문으로 동물의 의약품 개발까지 다양한 연구를 합니다. 수의학은 동물에 대한 애정이 있는 사람이 전공하는 것이 좋습니다.

▶ 04항

제시카 : 닐라이 씨는 어느 나라에서 왔어요?
닐라이 : 저는 터키에서 왔어요.
제시카 : 터키요?
이름은 많이 들어봤지만 어떤 나라인지 잘 모르겠어요.
닐라이 : 터키는 유럽과 아시아 사이에 있어요.
제시카 : 그렇군요. 한국보다 큰 나라예요?
닐라이 : 터키가 한국보다 8배 정도 크다고 들었어요.
그리고 한국처럼 삼면이 바다인 나라예요.
제시카 : 그럼 날씨도 한국과 비슷해요?
닐라이 : 내륙 지방의 날씨는 비슷하지만 해안지방은 좀 달라요.
한국보다 일교차가 큰 편이에요.
봄과 가을은 좀 짧고 여름은 건조하며 겨울에는 비가 많이 와요.
제시카 : 한국은 여름에 비가 많이 오는데 그게 좀 다르군요.
그것 말고 다른 특징은 없어요?
닐라이 : 터키는 동양의 아름다움과 서양의 아름다움이 모두 있는 나라예요.
건축물도 멋있고 지중해의 풍경도 아주 아름다워요.
그래서 방학 때 친구들에게 같이 여행가자고 했어요.

2과

▶ 01항

남자 : 이번 주말에 시간 있으면 저랑 박물관에 가실래요?
여자 : 어쩌죠? 주말에 어머니를 도와 드려야 해요.
남자 : 무슨 일이 있어요?
여자 : 며칠 전에 이사를 했는데 아직 정리가 안 돼서 짐 정리도 하고 청소도 해야 해요.
남자 : 주말에 바쁘겠네요.
여자 : 네. 그럴 것 같아요. 정리할 것이 많으니까요.
남자 : 그럼 다음 주는 괜찮아요?
여자 : 좋아요. 다음 주에 같이 가요.

▶ 02항

여자 : 이 원피스로 할게요.
남자 : 잘 고르셨어요. 이거 하나밖에 안 남았어요. 인기가 많아서요.
여자 : 그런데 이 옷은 어떻게 세탁해야 하지요?
남자 : 처음에 한두 번은 드라이클리닝 해 주셔야 합니다.
여자 : 그 다음에는 물빨래를 해도 돼요?
남자 : 네. 하지만 세탁기로 빠는 것보다는 손빨래하는 것이 좋습니다.
옷감이 쉽게 상해서요.
여자 : 그래요? 편하게 빨 수 있는 옷이 좋은데……. 제가 좀 바빠서요.
남자 : 손빨래하는 게 힘드시면 드라이클리닝 하세요.
여자 : 네. 알겠습니다. 오만 오천 원이라고 하셨지요? 여기 있어요.
남자 : 네. 감사합니다. 또 오세요.

▶ 03항

여자 : 지금 뭐하세요?
남자 : 쓰레기를 좀 버리려고요.
여자 : 그렇게 버리면 안 돼요.
한국에서는 쓰레기를 버릴 때 쓰레기봉투에 버려야 해요.
남자 : 저는 계속 기숙사에서 생활해서 몰랐어요.
여자 : 한국에서는 쓰레기양을 줄이기 위해서 쓰레기봉투를 사서 버리고 있어요.
남자 : 그렇군요. 쓰레기봉투는 어디에서 구해요?
여자 : 대형마트에서 살 수 있어요.
남자 : 쓰레기를 버리는 데에도 돈이 든다고 생각하니까 아깝다는 생각이 드네요.
여자 : 아깝다고 다른 봉투에 쓰레기를 버리면 벌금을 내야 해요.
그리고 환경미화원 아저씨가 다른 봉투에 담긴 쓰레기는 가져가지 않아요.
남자 : 그렇군요. 우리나라에서는 따로 쓰레기봉투를 사지 않아서 이상하게 느껴지네요.

▶ 04항

1. 자, 지금부터 반짝세일을 시작합니다. 한 마리에 10,000원짜리 갈치를 5,000원에 3마리를 선착순 10분에게만 판매합니다. 10분에게만 드리는 기회니까 서둘러 오시기 바랍니다. 오늘 아침 제주에서 방금 올라온 싱싱한 갈치를 한 마리에 5,000원에 드립니다. 빨리 오셔서 싱싱한 갈치를 사 가시기 바랍니다.

2. 5분 후에 할인 행사를 시작하도록 하겠습니다. 30분 동안 1+1 행사를 실시합니다. 한 봉지에 3,980원인 귤을 지금부터 한 봉 더 드리는 할인 행사를 시작합니다. 맛있는 귤을 싸게 사실 수 있는 좋은 기회입니다. 한 봉지 가격에 두 봉지를 드리는 이 기회를 놓치지 마세요.

3과

▶ 01항

재석 : 미가 씨, 오리엔테이션에 참석할 거예요?
미가 : 오리엔테이션이 뭐예요?
재석 : 대학 생활에 관해서 설명하고 선배와 교수님을 만나는 모임이에요.
미가 : 그래요? 그럼 꼭 가야겠네요. 오리엔테이션이 언제예요?
재석 : 다음 주 월요일부터 수요일까지 2박 3일 동안 속리산에서 해요.
미가 : 다음 주 월요일이라고요? 다음 주 월요일에 몽골에서 부모님이 오셔서 가야 할지 말아야 할지 생각해 봐야겠네요.

▶ 02항

여자 : 안녕하세요? 저는 사진반 이선아입니다.
남자 : 안녕하세요? 저는 지난번에 사진을 부탁 드린 연극반 김동욱입니다.
여자 : 그런데 제가 어떻게 도와 드리면 되지요?
남자 : 다음 주에 연극반 공연이 있어요.
그래서 연습하는 모습과 공연 장면을 찍어서 동아리 소개 자료로 쓸까 하는데요.
여자 : 네. 그건 별로 어렵지 않은 일이니까 도와 드릴게요.
그런데 포스터를 만들 거예요? 아니면 사진만 전시하실 거예요?
남자 : 포스터보다는 여러 사진을 통해서 동아리를 소개하는 것이 더 좋을 것 같아요.
여자 : 네. 그렇게 알고 준비하겠습니다. 이번 기회를 통해서 사진반도 알릴 수 있을 뿐만 아니라 저도 좋은 경험을 할 수 있을 것 같아요.

▶ 03항

장뢰이 : 아노트 씨, 학과 사무실 게시판 봤어요?

아노트 : 아니요. 아직 못 봤어요. 무슨 일 있어요?

장뢰이 : 이번 주 주말에 1박 2일로 M.T를 간대요.

아노트 : M.T요? 그게 뭐예요?

장뢰이 : M.T는 한국말로는 모꼬지라고 하는데 대학생들이 여행을 통해서 서로 친해지는 시간을 갖는 거라고 해요.

아노트 : 장뢰이 씨는 한국 대학 문화에 대해서 잘 아네요.

장뢰이 : 저도 선배한테서 들은 이야기예요.

아노트 : 그런데 M.T에 참가하려면 누구에게 이야기해야 해요?

장뢰이 : 학회장이나 과대표에게 말하면 돼요.
지난번에 비해서 참가하는 신입생이 적으니까 많이 신청하라고 했어요.

아노트 : 좋아요. 우리 같이 갑시다.

▶ 04항

여자 : 이제 곧 방학인데 뭐 할 거예요? 지난 방학 때처럼 여행 갈 거예요?

남자 : 아니요. 방학하자마자 계절 학기를 들어야 해요.

여자 : 왜요?

남자 : 지난 시험에 F학점을 받았거든요.

여자 : 그래요? 무슨 일이 있었어요?

남자 : 시험 기간 동안 많이 아파서 시험을 못 봤거든요.

여자 : 계절 학기에 몇 학점을 들으려고 해요?

남자 : 6학점을 들을까 해요.

여자 : 방학 동안 바쁘겠네요,

4과

▶ 01항

여자 : 옷이 좀 이상해요.
남자 : 왜요? 뭐가요?
여자 : 옷 위에 상표가 붙어 있어서요.
남자 : 어, 진짜 그러네요. 아침에 너무 바빠서 뒤집어 입은 채로 회사에 온 것 같아요.
그래서 버스 안에서 사람들이 이상하게 쳐다봤군요. 정말 창피하네요.
여자 : 저도 가끔 그런 실수를 해요.
얼마 전에는 중요한 약속이 있었는데 한 쪽은 운동화를 다른 한 쪽은 슬리퍼를 신은 채로 나갔어요.
남자 : 그래서 어떻게 했어요?
여자 : 근처 신발가게에서 신발을 사서 갈아 신었어요.
남자 : 요즘 너무 회사일이 많아서 정신이 없다 보니 이런 실수들을 하는 것 같아요.

▶ 02항

1. 여자 : 어제 왜 모임에 안 왔니?
남자 : 뭐? 어제가 모임이 있는 날이었어? 네가 오늘이라고 했잖아.
여자 : 내가? 정말 그랬어? 미안해. 내가 잘못 말한 것 같아
남자 : 괜찮아. 실수할 수도 있지.

2. 가 : 여보세요. 달라이 씨, 왜 안 와요?
나 : 선생님, 저 도착했어요. 여기 아무도 없는데요?
가 : 뭐라고요? 달라이 씨, 거기 어디예요?
나 : 여기 사직 사거리예요.
가 : 사직 사거리요? 달라이 씨, 사직 사거리가 아니라 사창 사거리예요.
잘 모를까봐 미가 씨한테 전해 달라고 부탁했는데 전화 못 받았어요?
나 : 아니요. 받았어요. 그런데 잘못 들은 것 같아요. 지금 빨리 갈게요.

3. 가 : 손님 다 왔습니다. 4천 500원입니다.
나 : 여기 있어요.
가 : 손님 천 원 더 주셔야 하는데요.
나 : 아! 죄송합니다. 3천 500원인 줄 알았어요. 여기 천 원 있습니다.

▶ 03항

준수 : 나타샤 씨, 오늘 무슨 일 있었어요? 왜 그렇게 얼굴 표정이 안 좋아요?
나타샤 : 오늘 학교에서 시험을 봤는데 망쳤거든요.
준수 : 나타샤 씨는 항상 열심히 공부하는데 왜 시험을 못 봤어요?
시험이 어려웠어요?
나타샤 : 아니에요. 시험은 어렵지 않았는데 제가 아주 큰 실수를 했어요.
준수 : 어떤 실수요?
나타샤 : 3번 문제의 답을 4번에다가 썼어요.
그리고 그 뒤의 문제의 답들도 모두 잘못 썼어요.
준수 : 정말 큰 실수를 했군요. 시험인데 잘 확인했어야지요.
나타샤 : 시험지를 내기 전에 확인한다는 것이 시간이 없어서 그냥 냈어요.
준수 : 그랬군요. 속상하겠지만 이미 지난 일이니까 그냥 잊어버리고 앞으로는 같은 실수하지 않도록 하세요.

▶ 04항

1. 수민 : 혼다 씨, 오늘 많이 늦었네요.
혼다 : 아침에 출근하다가 교통사고가 났어요.
수민 : 다친 곳은 없어요?
혼다 : 네. 다행히 다치지는 않았어요.
수민 : 어떻게 하다가 사고가 났어요?
혼다 : 아침에 늦게 일어나서 급하게 서두르다가 신호를 잘못 봤어요.
수민 : 급하다고 서두르면 사고가 나는 법이지요.
혼다 : 좀 더 일찍 일어나서 준비할걸 그랬어요.

2. 은영 : 현주 씨, 그 옷 새로 샀어요?
현주 : 아니요. 지난주에 은영 씨하고 같이 백화점에 가서 산 옷인데요.
은영 : 그래요? 그런데 그 옷이 아닌 것 같아서요.
현주 : 싼 게 비지떡이라고 하더니 한번 세탁하고 나니까 색도 빠지고 모양도 변했어요.
은영 : 싼 물건일수록 품질이 좋지 않은 법이지요.
현주 : 맞아요. 다음부터는 싸다고 무조건 사면 안 되겠어요.

5과

▶ 01항

남자 : 요즘 쉽게 피곤해지고 몸이 안 좋아요.

여자 : 시험 때문에 잠도 못 자고 코피가 날 정도로 공부하더니 몸이 약해진 것 같군요. 그럼, 오늘 우리 집에 오실래요? 어머니가 보내 주신 사골국이 있거든요.

남자 : 사골국요? 그게 뭐예요?

여자 : 소의 뼈를 물에 넣고 오랫동안 끓여서 그 국물을 먹는 건데 한국에서는 몸이 약해졌을 때 건강식으로 먹는 음식이에요.

남자 : 그래요? 한국에는 건강식이 정말 다양한 것 같아요. 얼마 전에는 삼계탕에 대해서 들었거든요.

여자 : 맞아요. 건강식이 다양하기는 해요. 그렇지만 저한테는 어머니가 끓여 주신 사골국이야말로 제일 좋은 건강식이에요. 그런데 사골국 얘기를 하고 나니 갑자기 배가 고픈데요.

▶ 02항

사회자 : 지금까지 올바른 식이요법에 대해서 잘 들었습니다. 그러면 마지막으로 시청자 여러분에게 당부의 말씀을 해 주시겠습니까?

전문가 : 살을 빼기 위해서 무조건 굶거나 식사량을 줄이는 것은 좋지 않습니다. 자신의 건강 상태에 맞는 식이요법과 운동을 같이 하는 것이 좋습니다. 식이요법을 효과적으로 하기 위해서는 의사나 전문가의 도움을 받아서 식단표를 만들어서 해야 합니다. 또한 한 가지 음식만 먹으면서 다이어트를 하는 분들도 계시는데 그것 역시 좋지 않은 방법입니다. 식이요법뿐만 아니라 올바른 식사 방법도 중요합니다. 하루에 3번 일정한 시간에 규칙적인 식사를 하는 것이 좋습니다. 또한 저녁 식사 이후에는 가능하다면 먹지 않는 것이 좋습니다. 음식은 짜거나 매운 것, 기름이 많은 음식은 피하고 야채와 과일을 자주 먹는 것이 좋습니다. 마지막으로 물을 자주 마시는 것이 좋은데 한 번에 많이 마시는 것보다 조금씩 마시는 것이 좋습니다.

▶ 03항

환자(남) : 요즘 계속 속이 쓰려서 왔어요.
의사(여) : 오늘 점심은 뭘 드셨어요?
환자(남) : 편의점에서 삼각 김밥과 컵라면을 먹었는데요.
의사(여) : 평소에도 점심을 그렇게 드세요?
환자(남) : 네. 보통 점심은 간단하게 편의점에서 사 먹어요.
의사(여) : 아침은 잘 챙겨 드시나요?
환자(남) : 아니요. 아침은 일주일에 한두 번밖에 안 먹어요.
의사(여) : 저녁은요?
환자(남) : 저녁은 주로 피자나 치킨을 시켜 먹고 친구들과 맥주를 마실 때도 있어요.
의사(여) : 패스트푸드는 많이 드시는 반면에 밥은 거의 안 드시는군요. 그래서 속도 쓰린 겁니다. 계속 그렇게 식사를 하시다가는 건강이 더 안 좋아지실 겁니다.
환자(남) : 그럼 어떻게 해야 하죠?
의사(여) : 패스트푸드나 인스턴트식품이 건강에 좋지 않다는 건 알고 계시잖아요. 그런 음식은 가능하면 드시지 마시고 밥을 드셔야 합니다.
환자(남) : 네. 알겠습니다. 전혀 안 먹을 수는 없겠지만 가능하면 그렇게 하겠습니다.

▶ 04항

제르미 : 요즘 건강에 대한 TV 프로그램이 많이 방송되는 걸 보니까 사람들이 건강에 대한 관심이 많은가 봐요.
아이코 : 그런 것 같아요. 어떤 음식이 건강에 좋은지를 알려 주니까 좋아요.
제르미 : 그런데 음식뿐만 아니라 잠버릇도 건강과 관계가 있나 봐요.
아이코 : 왜요?
제르미 : 얼마 전에 잠버릇을 보고 건강을 알 수 있다는 방송을 봤거든요. 옆으로 누워서 자는 사람은 위가 안 좋고, 개구리처럼 엎드려서 다리를 구부리고 자면 심장이 약한 거라고 해요.
아이코 : 그래요? 재미있네요. 그럼 어떻게 자는 게 좋다고 해요?
제르미 : 너무 높은 베개를 베는 건 좋지 않고 똑바로 누워서 자는 게 좋다고 해요.

| 쉽게 말하는 한국어 3 |

어휘 색인

어휘 색인

어휘	과	항목
걷다(빨래를 ~)	2과	2항 어휘
걸다(돈을 ~)	3과	3항 쓰기
걸레	2과	1항 어휘
게시판	3과	3항 듣기
격주	3과	1항 말하기
결과	2과	3항 쓰기
결국	3과	1항 문법
결론	3과	4항 어휘
결승전	4과	4항 읽기
결정되다	3과	2항 읽기
결혼하다	1과	2항 어휘
겸손하다	4과	4항 문법
경고	3과	4항 어휘
경기	3과	3항 쓰기
경영하다	1과	3항 읽기
경영학	3과	1항 본문
경제	1과	1항 듣기
경제학	1과	1항 듣기
경험담	4과	3항 쓰기
계단	4과	3항 어휘
계발	1과	3항 쓰기
계절	3과	4항 어휘
계획서	3과	1항 어휘
고도	5과	3항 읽기

어휘	과	항목
고모	1과	2항 어휘
고백하다	4과	4항 어휘
고생하다	2과	4항 읽기
고아원	3과	3항 말하기
고집하다	5과	4항 본문
고추	5과	4항 문법
곡식	5과	1항 어휘
골고루	5과	2항 어휘
공동	2과	4항 읽기
공동체	1과	5항 문화
공예	1과	2항 읽기
공용어	1과	4항 어휘
공책	4과	2항 어휘
공통적	1과	4항 어휘
공통점	3과	4항 쓰기
과 (학과)	3과	1항 문법
과로	5과	4항 어휘
과로하다	5과	4항 말하기
과목	3과	1항 본문
과자	5과	2항 말하기
과정	1과	3항 읽기
과제	3과	4항 어휘
과학	3과	4항 읽기
관련되다	1과	3항 읽기

어휘	과	항목
관심	1과	1항 듣기
관하다	3과	1항 문법
광장	1과	2항 본문
괜찮아지다	1과	1항 듣기
괴롭히다	2과	5항 문화
교과	3과	1항 어휘
교과목	3과	1항 어휘
교내	1과	3항 쓰기
교수	1과	1항 어휘
교양	3과	1항 어휘
교외	1과	3항 쓰기
교통사고	4과	4항 듣기
구매	2과	4항 읽기
구매하다	2과	4항 읽기
구멍	4과	3항 쓰기
구입하다	3과	2항 문법
국	5과	3항 말하기
국기	1과	4항 어휘
국명	1과	4항 어휘
국어	1과	3항 어휘
국문학	1과	3항 어휘
국제	1과	3항 어휘
국화	1과	4항 어휘
군것질	5과	4항 어휘

어휘	과	항목
굶다	5과	2항 어휘
권하다	3과	2항 듣기
규칙	3과	1항 문법
그곳	5과	5항 문화
그날	4과	3항 쓰기
그늘	2과	2항 어휘
그때	4과	2항 읽기
그릇	2과	4항 문법
그리워지다	4과	4항 읽기
금방	2과	3항 말하기
금속	1과	2항 읽기
급 (4~)	1과	3항 읽기
급하다	4과	4항 문법
급해지다	5과	3항 읽기
긍정적	1과	1항 어휘
기르다	3과	2항 말하기
기름	2과	2항 읽기
기말	3과	1항 말하기
기사 (운전 ~)	1과	3항 문법
기억하다	1과	1항 어휘
기업	1과	3항 읽기
기운	5과	1항 듣기
기준	3과	4항 읽기
기한	3과	4항 어휘

어휘	과	항목
대청소	2과	1항 본문
대추	5과	1항 본문
대표	3과	3항 듣기
대표하다	1과	4항 어휘
대하다	1과	3항 문법
대학원	1과	3항 읽기
대형	2과	3항 듣기
대회	1과	4항 문법
더러워지다	2과	1항 어휘
더위	5과	1항 본문
덜렁거리다	1과	1항 어휘
데이트	3과	1항 문법
도구	3과	2항 읽기
도끼	3과	5항 문화
도서	3과	4항 말하기
도움	2과	3항 문법
독후감	5과	2항 문법
돋우다	5과	1항 어휘
돌리다	2과	1항 어휘
돌보다	1과	2항 본문
동기	1과	1항 듣기
동물	1과	3항 듣기
동서(방향)	1과	2항 읽기
동아리	3과	1항 어휘
동양	1과	4항 듣기
동쪽	1과	4항 읽기
동호회	1과	1항 읽기
되다	1과	5항 문화
두드리다	2과	2항 읽기
뒤집다	4과	1항 듣기
뒷자리	1과	4항 문법
드라이클리닝	2과	2항 어휘
들다 (비용이 ~)	2과	3항 듣기
들다 (잠이~)	3과	4항 문법
들어오다	3과	1항 읽기
등산복	1과	4항 본문
따로	2과	3항 어휘
따르다	2과	5항 문화
딸	4과	4항 문법
딸기	5과	1항 어휘
때문	1과	5항 문화
떡	4과	4항 본문
떨다 (먼지를 ~)	2과	1항 어휘
떨어뜨리다	2과	2항 읽기
떨어지다 (부모님과 ~)	4과	4항 문법
떨어지다 (일거리가 ~),)	2과	4항 본문
떼다	2과	1항 본문

어휘	과	항목
똑같다	1과	2항 문법
뚱뚱해지다	4과	2항 문법
뛰다	5과	2항 읽기
레크리에이션	3과	1항 읽기
리포트	3과	4항 어휘
마감	2과	4항 읽기
마스크	2과	1항 어휘
마을	1과	5항 문화
마중	4과	1항 읽기
막내	1과	2항 어휘
막대하다	3과	3항 쓰기
만 (3일 ~에)	4과	4항 본문
만족하다	4과	4항 읽기
만큼	5과	2항 문법
많아지다	3과	3항 읽기
맏아들	1과	2항 어휘
말다	1과	5항 문화
말리다 (빨래를 ~)	2과	2항 어휘
말실수	4과	2항 읽기
말하기	5과	3항 문법
망치다	4과	3항 듣기
맞다 (야단을 ~)	4과	4항 어휘
맞선	1과	2항 어휘
맡기다	2과	2항 말하기
매년	1과	4항 읽기
매번	2과	3항 본문
매주	3과	2항 말하기
매표소	4과	2항 본문
먹을거리	1과	2항 읽기
멀리	4과	4항 문법
멈추다	5과	2항 읽기
멋지다	3과	2항 읽기
메모	2과	4항 읽기
며칠	2과	1항 듣기
면역력	5과	5항 문화
면접	2과	2항 쓰기
면접시험	1과	1항 어휘
명랑하다	1과	1항 어휘
명칭	3과	4항 쓰기
몇몇	3과	3항 읽기
모꼬지	3과	3항 듣기
모델	3과	2항 듣기
모집하다	3과	2항 어휘
목욕	5과	5항 문화
목적	3과	1항 쓰기
목차	3과	4항 어휘
목표하다	1과	1항 읽기
무뚝뚝하다	1과	1항 어휘

어휘	과	항목
무역	1과	3항 읽기
무역학	1과	3항 어휘
무조건	2과	1항 쓰기
무즙	2과	2항 읽기
문제점	3과	3항 쓰기
문지르다	2과	2항 말하기
문학	3과	2항 어휘
문헌	3과	4항 어휘
묻다 (얼룩이~)	2과	2항 말하기
묻히다	2과	1항 쓰기
물가	2과	4항 읽기
물세탁	2과	2항 어휘
물품	2과	4항 어휘
미끄럽다	3과	5항 문화
미네랄	5과	5항 문화
미팅	4과	3항 말하기
및	3과	1항 읽기
바뀌다	2과	1항 읽기
바나나	2과	3항 말하기
바닥	2과	1항 본문
바라다	2과	4항 듣기
바르다 (종이에 물감을~)	2과	2항 읽기
바지	4과	4항 문법

어휘	과	항목
박사	3과	4항 어휘
반납	4과	1항 어휘
반대하다	5과	3항 쓰기
반드시	3과	4항 읽기
반면	5과	3항 문법
반복되다	4과	4항 읽기
반복하다	4과	4항 어휘
반성하다	4과	4항 어휘
반짝세일	2과	4항 어휘
반찬	5과	3항 말하기
발전	1과	1항 듣기
발표	1과	1항 듣기
밟다	4과	3항 어휘
밤새	2과	3항 문법
방금	2과	4항 듣기
방송국	4과	4항 읽기
방울	2과	2항 읽기
배출	2과	3항 쓰기
배출되다	2과	3항 쓰기
버려지다	2과	3항 읽기
버릇	4과	4항 문법
벌금	2과	3항 듣기
벌써	2과	2항 문법
법	4과	4항 문법

어휘	과	항목
생선	2과	4항 읽기
생신	3과	2항 문법
샴푸	2과	4항 본문
서두르다	2과	4항 듣기
서론	3과	4항 어휘
서양	1과	4항 듣기
서운하다	1과	1항 어휘
석사	3과	4항 어휘
섞다	2과	2항 말하기
섞이다	2과	3항 본문
선글라스	1과	1항 문법
선물하다	4과	1항 듣기
선발하다	3과	4항 읽기
선진국	5과	3항 읽기
선착순	2과	4항 듣기
선택	3과	1항 어휘
설거지	2과	1항 읽기
설레다	4과	1항 읽기
설문	3과	3항 쓰기
설탕	4과	3항 문법
섬나라	1과	4항 읽기
성격	1과	1항 어휘
성공하다	1과	1항 어휘
성분	5과	5항 문화

어휘	과	항목
성실하다	1과	1항 읽기
성실히	1과	3항 읽기
세계	1과	2항 읽기
세부	1과	1항 쓰기
세일하다	1과	2항 문법
세제	2과	1항 쓰기
소개서	1과	1항 쓰기
소고기	2과	2항 문법
소극적	1과	1항 어휘
소금	4과	3항 문법
소식 (친구의 ~)	3과	2항 문법
소식 (~을 하다))	5과	4항 어휘
소파	2과	1항 쓰기
속담	4과	5항 문화
속상하다	3과	4항 문법
속이다	4과	4항 어휘
손(님)	2과	5항 문화
손바닥	5과	2항 읽기
손빨래	2과	2항 듣기
손세탁	2과	2항 어휘
솔직하다	1과	1항 어휘
수강	3과	1항 어휘
수거	2과	3항 어휘
수건	2과	1항 쓰기

어휘	과	항목
수능	3과	4항 읽기
수도 (서울)	1과	4항 어휘
수료하다	1과	3항 읽기
수리	3과	4항 읽기
수면	5과	4항 어휘
수산물	2과	4항 읽기
수선하다	2과	2항 말하기
수시	3과	4항 읽기
수의사	1과	3항 듣기
수의학	1과	3항 듣기
수학	1과	3항 어휘
수학 (~능력)	3과	4항 읽기
수확하다	5과	1항 어휘
순환	5과	5항 문화
술	3과	3항 어휘
쉽다	1과	4항 문법
스케치북	3과	2항 읽기
스트레스	3과	2항 본문
스티로폴	2과	3항 어휘
슬로푸드	5과	3항 읽기
슬프다	1과	3항 문법
습관	4과	1항 말하기
습도	1과	4항 읽기
습하다	5과	1항 읽기

어휘	과	항목
시간표	3과	1항 어휘
시대	2과	1항 읽기
시범	3과	2항 말하기
시설	3과	2항 말하기
시절	4과	4항 읽기
시청자	5과	2항 듣기
시험지	4과	3항 말하기
식단표	5과	2항 듣기
식사량	5과	2항 듣기
식습관	5과	2항 어휘
식욕	5과	1항 어휘
식이요법	5과	2항 어휘
식탁	2과	1항 문법
식품	2과	4항 읽기
영양학	1과	3항 어휘
신경	5과	2항 읽기
신나다	1과	1항 어휘
신문지	2과	1항 쓰기
신선	2과	4항 읽기
신입생	3과	1항 읽기
실기	3과	1항 말하기
실망하다	4과	4항 어휘
실천하다	2과	3항 읽기
실크	2과	2항 쓰기

어휘	과	항목
심각하다	5과	3항 읽기
심다	3과	2항 말하기
심리학	3과	1항 본문
심장	5과	4항 듣기
쌀	4과	3항 어휘
쌓이다	5과	4항 읽기
썩다	2과	3항 쓰기
썰다	5과	4항 어휘
쏟다	4과	3항 어휘
쓰기	2과	3항 문법
쓰다 (맛이 ~)	4과	4항 문법
쓰러지다	5과	4항 어휘
쓰레기봉투	2과	3항 어휘
쓰레받기	2과	1항 어휘
쓸다	2과	1항 어휘
아기	1과	2항 본문
아깝다	2과	3항 듣기
아끼다	4과	4항 문법
아내	2과	1항 읽기
아들	1과	2항 어휘
아랫집	5과	1항 문법
아르바이트	2과	2항 문법
아름다움	1과	4항 듣기
아무것	5과	2항 어휘

어휘	과	항목
아무도	4과	2항 듣기
아무리	4과	3항 말하기
아름다움	1과	4항 듣기
아세톤	2과	2항 읽기
아시아	1과	4항 듣기
아이스크림	2과	4항 문법
악귀	2과	5항 문화
안다	1과	2항 본문
안색	1과	1항 문법
알뜰하다	2과	4항 읽기
알리다	3과	1항 읽기
알코올	2과	2항 읽기
애인	3과	3항 쓰기
애정	1과	3항 듣기
야단	4과	4항 어휘
야식	5과	1항 문법
야유회	3과	2항 읽기
야채	2과	4항 본문
약 (~ 백 명)	2과	3항 읽기
약수	5과	5항 문화
약해지다	5과	1항 듣기
양 (~이 많다)	2과	3항 듣기
양고기	5과	1항 읽기
양념	4과	3항 본문

어휘	과	항목
양로원	3과	3항 말하기
양보하다	4과	2항 읽기
양복	1과	1항 문법
양파즙	2과	2항 읽기
얘기	3과	1항 말하기
어깨동무	3과	2항 말하기
어울리다	1과	1항 읽기
어쩌다 (어찌하다)	2과	1항 듣기
어패류	5과	3항 읽기
얻다	1과	3항 읽기
얼룩	2과	2항 말하기
얼른	4과	3항 본문
얼마나	1과	1항 본문
없애다	2과	3항 어휘
없어지다	2과	3항 말하기
엠티 (M.T)	3과	3항 듣기
여부	3과	1항 읽기
여성	2과	1항 읽기
여유	3과	3항 읽기
역사	1과	3항 말하기
연구	1과	3항 듣기
연극	3과	1항 말하기
연수	1과	3항 읽기

어휘	과	항목
연애	1과	2항 어휘
연예인	3과	3항 쓰기
연주회	2과	1항 문법
연평균	2과	3항 읽기
열리다	1과	2항 읽기
영양	5과	1항 말하기
영어	3과	2항 어휘
영문학	1과	3항 어휘
영향	5과	3항 읽기
영화배우	1과	2항 듣기
예비	3과	3항 쓰기
예선	4과	4항 읽기
예약하다	4과	1항 문법
예정	3과	3항 말하기
오곡밥	5과	1항 어휘
오래되다	1과	2항 읽기
오랜만	5과	4항 본문
오랫동안	5과	1항 듣기
오리엔테이션	3과	1항 듣기
오염되다	2과	3항 본문
오해	4과	2항 어휘
오해하다	1과	1항 어휘
오히려	5과	4항 읽기
온천	5과	5항 문화

어휘	과	항목
온천욕	5과	5항 문화
올라오다	2과	4항 듣기
올리다	5과	2항 읽기
올바르다	5과	2항 어휘
옷감	2과	2항 듣기
옷차림	1과	3항 본문
왕	4과	4항 읽기
왜	1과	5항 문화
왜냐하면	5과	5항 문화
외 (~에)	2과	3항 듣기
외국	1과	1항 문법
외동딸	1과	2항 어휘
외롭다	1과	1항 어휘
외사촌	1과	2항 어휘
외삼촌	1과	2항 어휘
외숙모	1과	2항 어휘
외아들	1과	2항 어휘
외출복	4과	1항 어휘
외향적	1과	1항 어휘
요구	3과	3항 읽기
요양	5과	5항 문화
요요	5과	2항 어휘
용돈	1과	1항 문법
용서하다	4과	4항 어휘

어휘	과	항목
우드득	5과	2항 읽기
우수	2과	4항 읽기
우울하다	1과	1항 어휘
우유	2과	4항 말하기
우주	1과	3항 어휘
운동화	3과	2항 문법
운전	1과	3항 문법
움직이다	4과	5항 문화
웃어른	4과	2항 읽기
원	1과	4항 어휘
원서	1과	3항 본문
원인	2과	1항 읽기
위	5과	4항 듣기
위도	1과	4항 읽기
위로하다	4과	4항 어휘
위주	5과	4항 본문
위쪽	4과	3항 쓰기
위하다	4과	5항 문화
윗몸	5과	2항 읽기
유급하다	5과	3항 문법
유리창	1과	1항 문법
유익하다	3과	2항 문법
유지하다	5과	5항 문화
유학	1과	3항 읽기

어휘	과	항목
자랑스럽다	4과	3항 읽기
자랑하다	3과	3항 어휘
자료	3과	2항 듣기
자매	1과	2항 듣기
자세	1과	1항 읽기
자세히	1과	3항 듣기
자신	2과	2항 어휘
자연	3과	2항 말하기
작문	3과	1항 어휘
작은아버지	1과	2항 어휘
작은어머니	1과	2항 어휘
잔디	4과	3항 어휘
잘못되다	5과	3항 읽기
잘하다	5과	3항 문법
잠그다	4과	1항 문법
잠버릇	5과	4항 듣기
잡다	4과	3항 문법
장	2과	4항 본문
장남	1과	2항 어휘
장녀	1과	2항 어휘
장래	1과	1항 쓰기
장면	3과	2항 듣기
장바구니	2과	3항 쓰기
장보기	2과	4항 읽기

어휘	과	항목
장애	3과	2항 말하기
재수강	3과	4항 어휘
재학생	3과	1항 읽기
재활용	2과	3항 어휘
저희	1과	3항 읽기
적극적	1과	1항 어휘
적다 (글자를 ~)	2과	4항 본문
적립	2과	4항 어휘
적성	1과	3항 쓰기
적어지다	3과	3항 읽기
적응하다	1과	1항 듣기
적절하다	4과	5항 문화
전공	3과	1항 문법
전공자	3과	1항 어휘
전공하다	1과	1항 듣기
전국적	2과	3항 읽기
전날	4과	4항 읽기
전단지	2과	4항 읽기
전달하다	4과	5항 문화
전문가	5과	2항 듣기
전문적	1과	3항 읽기
전시하다	3과	2항 듣기
전원	4과	1항 말하기
전자사전	4과	3항 어휘

어휘	과	항목
지구	2과	3항 쓰기
지나가다	3과	2항 어휘
지난번	1과	3항 본문
지다 (책임을 ~)	4과	4항 어휘
지루하다	1과	1항 어휘
지르다 (소리를 ~)	5과	4항 읽기
지방 (중부~)	1과	4항 듣기
지식	1과	3항 읽기
지역	1과	4항 읽기
지우다	2과	2항 읽기
지원하다	1과	1항 듣기
지저분하다	2과	1항 어휘
지중해	1과	4항 듣기
진공청소기	2과	1항 쓰기
진로	1과	3항 말하기
진심	4과	5항 문화
진열되다	2과	4항 읽기
진짜	5과	1항 문법
진학	1과	3항 읽기
진학하다	1과	3항 어휘
진행하다	3과	1항 읽기
질병	1과	3항 듣기
집들이	3과	1항 문법

어휘	과	항목
집중력	5과	3항 읽기
짜다 (글을 ~)	1과	1항 쓰기
짜다 (물기를 ~)	2과	2항 어휘
짜증	5과	4항 말하기
짜증나다	1과	2항 문법
쪽지	3과	1항 말하기
찌다 (살이 ~)	5과	2항 어휘
찍다 (도끼로 ~)	3과	5항 문화
찍다 (사진을 ~)	1과	2항 본문
차림	3과	2항 읽기
차이	4과	1항 쓰기
차이점	3과	4항 쓰기
차지하다	2과	3항 읽기
착각하다	4과	2항 어휘
찬물	2과	2항 읽기
찬성하다	5과	3항 쓰기
참가하다	3과	1항 읽기
참고	3과	4항 어휘
참다	5과	2항 읽기
참석하다	3과	1항 듣기
참여	2과	1항 읽기
참여율	3과	3항 쓰기
참여하다	3과	3항 쓰기
참외	5과	1항 어휘

어휘	과	항목
창피하다	4과	1항 듣기
찾아오다	5과	2항 어휘
채	4과	1항 문법
책임지다	1과	1항 읽기
챙기다	2과	4항 본문
처리	2과	3항 읽기
천문	3과	2항 어휘
천문학	1과	3항 어휘
청소년	3과	1항 문법
청춘	5과	2항 읽기
청혼	4과	1항 문법
체육	3과	2항 문법
체육	1과	4항 문법
체육학	1과	3항 어휘
체중	5과	2항 어휘
체지방	5과	2항 어휘
쳐다보다	4과	1항 듣기
초 (3월 ~)	1과	4항 읽기
초조하다	4과	4항 읽기
초청	3과	3항 어휘
촬영지	1과	2항 읽기
최대	2과	4항 읽기
최선	1과	3항 읽기
추가	2과	4항 읽기

어휘	과	항목
추위	5과	1항 어휘
축산물	2과	4항 읽기
출근	4과	4항 듣기
출근하다	4과	4항 듣기
충동구매	2과	4항 읽기
취업	3과	3항 읽기
취직	1과	1항 말하기
육식	5과	4항 어휘
치다 (야단을 ~)	4과	4항 어휘
치료하다	5과	5항 문화
친척	1과	2항 어휘
카드	2과	4항 어휘
카트	2과	4항 어휘
칼슘	5과	4항 말하기
캔	2과	3항 어휘
커튼	2과	1항 본문
공학	1과	3항 어휘
코피	5과	1항 듣기
콘서트	1과	1항 문법
쿠폰	2과	4항 어휘
퀴즈	3과	3항 어휘
크기	1과	4항 듣기
큰아버지	1과	2항 어휘
큰어머니	1과	2항 어휘

어휘	과	항목
타다 (더위를 ~)	5과	1항 어휘
타다 (불에~)	4과	1항 본문
타다 (용돈을 ~)	5과	1항 문법
탐구	3과	4항 읽기
탕	5과	1항 본문
태권도	3과	2항 어휘
태도	4과	4항 어휘
토론	1과	1항 듣기
토론하다	3과	1항 문법
토마토	5과	1항 어휘
토픽	5과	4항 읽기
톤	2과	3항 읽기
통과하다	1과	3항 읽기
통조림	5과	3항 어휘
통하다	3과	2항 문법
퇴근하다	4과	1항 듣기
트럭	2과	3항 읽기
특산품	1과	2항 쓰기
특징	1과	4항 듣기
파일	4과	1항 말하기
패션	1과	3항 어휘
디자인	1과	3항 어휘
패스트푸드	5과	3항 어휘
팬레터	1과	1항 읽기

어휘	과	항목
펴다	5과	2항 읽기
편견	2과	1항 읽기
편식하다	5과	2항 어휘
편안해지다	5과	2항 문법
편해지다	1과	2항 읽기
평범하다	4과	4항 읽기
평소	5과	2항 말하기
폐점	2과	4항 읽기
포스터	3과	2항 듣기
포인트	2과	4항 어휘
폭력적	5과	3항 읽기
폭식	5과	4항 어휘
표시하다	4과	3항 문법
표정	2과	4항 문법
풀리다	3과	2항 본문
품목	2과	4항 읽기
품질	4과	4항 듣기
풍경	1과	4항 듣기
풍물	3과	2항 어휘
풍부하다	1과	4항 읽기
프로그램	3과	3항 읽기
프로포즈	5과	4항 문법
플라스틱	2과	3항 어휘
피다	1과	2항 듣기

어휘	과	항목
효능	5과	1항 말하기
활동적	1과	1항 읽기
활발하다	1과	1항 어휘
활용하다	2과	4항 읽기
활자	1과	2항 읽기
황실	5과	1항 읽기
회복시키다	5과	1항 읽기
회원	3과	2항 어휘

어휘	과	항목
회화	3과	2항 어휘
효과적	5과	2항 듣기
후배	3과	1항 말하기
후회하다	4과	4항 말하기
훌륭하다	1과	3항 읽기
흐르다	2과	2항 읽기
흘리다	5과	1항 쓰기

쉽게 말하는 한국어 3

저 자 : 충북대학교 국제교류원
발행처 : 충북대학교 출판부
발행인 : 김승택
표지디자인 : design of(www.ofof.kr)
주 소 : (361-763) 충북 청주시 흥덕구 내수동로 52(개신동)
전 화 : (043) 261-2952, 3014
팩 스 : (043) 274-1256
이메일 : presscbu@chungbuk.ac.kr
등 록 : 제1983-2001-7호
초판1쇄: 2011.12.15.
편집 및 인쇄 : 삼성디자인기획 042)221-3111

ISBN 978-89-7295-186-5 93710

값 22,000원